DWB SEP 0 8 2008
BRIGHTWOOD BRANCH
SPRINGFIELD, (MA) CITY LIBRARY

D1805468

COCINA
ARTESANAL
PUERTORRIQUEÑA

EMMA DUPREY DE STERLING

COCINA
ARTESANAL PUERTORRIQUEÑA

Ilustraciones de Walter Torres

La Editorial
de la Universidad de Puerto Rico

Primera edición 2004
© 2004 Universidad de Puerto Rico

Catalogación de la Biblioteca del Congreso
    Library of Congress Cataloging-in-Publication Data

Duprey de Sterling, Emma
    Cocina artesanal puertorriqueña/Emma Duprey de Sterling
      p. cm.
    Includes bibliographical references.
    ISBN: 0-8477-0232-4
    1. Cookery, Puerto Rican. Title

TX716.P8D87 2002
641.597295--dc21

                                                                                           2002035316

Edición a cargo de Armindo Núñez Miranda
Diseño y portada: Walter Torres
Diagramación: Ricardo Alcaraz Díaz

Editorial de la Universidad de Puerto Rico
Apartado Postal 23322
San Juan, Puerto Rico 00931-3322
Administración: (787) 250-0435   Fax: (787) 753-9116
Departamento de Ventas: (787) 758-8345   Fax: (787) 751-8785

La Universidad de Puerto Rico es un patrono con igualdad de oportunidades en el empleo. No se discrimina en contra de ningún miembro del personal universitario o en contra de aspirante a empleo, por razón de raza, color, sexo, nacimiento, edad, impedimento físico o mental, origen o condición social, ni por ideas políticas o religiosas.

ESTA OBRA ESTÁ DEDICADA A DOÑA NANÁ, MI mamá. Ella y mi padre procrearon una familia campesina para la década de los veinte. Doña Naná ejerció tenacidad constante. Convenció a mi padre para dejar a su pueblo natal, Arecibo, y brindar educación universitaria a sus hijos. Dio a la sociedad puertorriqueña un grupo de profesionales sobresalientes, trabajó incansablemente, con voluntad. Confeccionó alta costura por encargo, operó un servicio de comidas a domicilio y un hospedaje de estudiantes. Su sabia orientación aún permea mi vida. Entre los varios propósitos que tiene este libro, uno resalta: honrar aquí, y por siempre, la memoria de doña Naná.

AGRADECIMIENTOS

AL COSMOS, QUE ME ENVIÓ, ME EQUIPÓ Y LO PROVEYÓ TODO DURANTE EL camino, hasta llegar a la meta.

A la doctora María Esther Ramos, la primera persona que me impartió la seguridad en los méritos de este proyecto para publicarlo y compartirlo con el pueblo puertorriqueño.

Al doctor Chuco Quintero, sostén continuo del recetario y gestor de diligencias para la publicación.

A Walter Rodríguez Saniel, mi discípulo amado, que dejó atrás múltiples compromisos para decir presente cuando necesité su valiosa ayuda.

A Lydia, su esposa, quien me transmitió el calor humano que necesité cuando, en la lucha, me agobió el cansancio y disminuyó mi fe.

A Conchita Duprey, maestra de economía doméstica, profesional de excelencia y devota consultora durante el proceso de realizar este proyecto.

A Selenia Duprey, fiel creyente en el poder de la oración para hacer posible que se realicen milagros como este libro.

A Gonzalo Duprey, brazo fuerte de esta experiencia, quien a pesar de sus múltiples ataduras de variada índole se mantuvo en pie de lucha y asequible en todo momento.

A Alba Nydia y Marta Santos, que sirvieron de conejillas de Indias en nuestros primeros intentos.

A Mara y Finí, mis primeras clientas, quienes me encomendaron con fe razonada el mantenimiento de su alimentación cuando iniciaron el proceso de revisar su dieta.

A Waleska Cruz y Margarita Capó, mis eficientes y dedicadas secretarias en las primeras etapas del proyecto.

A Jorge Arce por su sostén emocional en mis momentos de vacilación.

A Awilda Sterling, por contribuir con valiosas recetas y por hacer malabares con su tiempo para integrarse a esta vivencia desde su inicio. Definitivamente, sin su apoyo, poco se hubiera logrado.

A Víctor Manuel Sterling, por confiar en mí y retarme a realizar hazañas grandiosas, ésta es una de ellas.

A Víctor Manuel Sterling Bertín, mi compañero de penas y alegrías durante cincuenta y siete años.

A la Editorial de la Universidad de Puerto Rico, mi amada *Alma Mater*, que me brinda el privilegio sin igual de publicar esta obra.

Y a tantos seres humanos especiales que, en plazas, ferias y restaurantes, han probado estos alimentos y me hicieron un espacio en sus mesas para continuar su consumo.

CONTENIDO

INTROITO Y APERITIVO   10

NOTA PRELIMINAR   11

GLOSARIO   12

PROCEDIMIENTOS BÁSICOS   17

UTENSILIOS   20

PLATOS CRIOLLOS PARA OCASIONES DIVERSAS   22

PARA OBTENER MAYOR PROVECHO
DE LOS NUTRIENTES NATURALES   24

MENÚ   25

ENTREMESES   28

ENSALADAS   46

SOPAS Y PURÉS   64

PLATOS PRINCIPALES   84

ARROCES   112

SALSAS   128

PLATOS PARA ACOMPAÑAR   148

POSTRES   172

BEBIDAS   192

BIBLIOGRAFÍA   211

INTROITO Y APERITIVO

ALGUNA VEZ ALGUIEN DIJO QUE 'CON UN BUEN RECETARIO DE COCINA NO hace falta ser cocinero profesional' y de eso se trata cuando nos referimos a esta reunión de recetas titulada **Cocina artesanal puertorriqueña**, de Emma Duprey de Sterling. Un libro que en cuanto se abre se nos hace la boca agua con las delicias gastronómicas que nos propone la autora.

Aquí se incluyen, en estricto orden ecléctico, recetas típicas del campo boricua y otras de los ancestros africanos. Las hay, también, de diversa procedencia ibérica y algunas de distintas latitudes americanas aliñadas con ciertos ingredientes de la cocina india y japonesa, hoy reconocidos y popularizados por el régimen de nutrición vegetariano y el empleo terapéutico de los medios alimenticios para obtener la salud. Asimismo, aparecen platos de ricas ensaladas; apetitosos potajes, sopas, asopaos y sopones; exquisitos entremeses; manjares de frutas y postres; y excitantes bebidas.

Los lectores se sentirán estimulados por Emma Duprey a ser creativos, cuando practiquen las artes culinarias y contribuyan con su detallito particular, su matiz especial, su toque de distinción. Y si por ejemplo de pescados se habla, pues en vez de la merluza o el salmón sugerido, podrían optar por los que abundan en nuestras costas como la sierra, bonito, chillo o colarrubia, entre muchos otros.

Según la autora, una hedonista piadosa, esta obra es un convite para el pleno disfrute de los placeres sencillos, elementales e imprescindibles. Además, se festeja en el texto un ritmo vital exento de prisas porque se parte del principio básico: saber vivir supone saber comer. Con esta lectura se aprende el arte de preparar y apreciar una buena comida. Y mientras se repasan sus páginas, se está al tanto de las propiedades medicinales de determinadas hierbas y hortalizas, se come con los ojos, se saborean los aromas, se aguzan los dientes, se chupan los dedos y no se cabe de contento. A los lectores, ¡que lo disfruten!; y a los comensales, ¡buen provecho!

Armindo Núñez Miranda

NOTA PRELIMINAR

ESTA COLECCIÓN DE RECETAS ES EL PRIMER RETOÑO DE UN PROYECTO COLECTIVO llamado *Compartiendo la vida natural*, que fue muy importante para mí durante las dos últimas décadas del pasado siglo. Representa lo que fue mi primera incursión en el maravilloso mundo de la cocina natural.

¿Y qué puede resultar más relevante en estos momentos que compartir con los lectores esas experiencias en torno a cómo mantenernos saludables, usando los recursos que nos provee la naturaleza, ajustándolos a nuestras necesidades particulares?

Sin lugar a dudas, somos lo que comemos. La naturaleza nos provee abundante cantidad de materia prima. Cuando la usamos inteligentemente, podemos confeccionar comidas sencillas, sanas, nutritivas y económicas. Eso es indispensable para garantizarnos salud física, mental y espiritual. Le invito a probar estas recetas y a iniciar el proceso de mantenerse en condiciones óptimas.

Incluyo en este libro recetas cuyos orígenes, en algunos casos, provienen de mis ancestros africanos, pero también las hay de hechura hispánica o del sello "naturista", sólo que les he cambiado algo de la fórmula inicial. Las he recreado y las he traducido, sin traicionarlas, a mi repertorio culinario. Todas ellas aspiran a establecer una comunicación efectiva y amorosa que nos permita descubrir la sensualidad de la comida y la satisfacción de mejorar la calidad de vida. Me basta con que el lector descubra los acentos y registros de mis platos, pero como Dios manda, sólo paladeándolos, saboreándolos y disfrutándolos.

Emma Duprey de Sterling

GLOSARIO

Aceite Canola

Aceite extraído de la semilla de colza, producido principalmente en Canadá y Estados Unidos.

Aceite vegetal

Uno de los inconvenientes de cocinar con aceites es la tendencia que tienen a ponerse rancios con el calor, razón por la cual añado el aceite después de cocinar el arroz.

Prefiero los aceites no refinados, como el de maíz y sobre todo, el de oliva extra virgen, porque no contienen colesterol. También uso el aceite de coco y el de palma, los cuales, en proporciones adecuadas, ayudan a mantener la salud.

A diferencia del vino, el aceite no mejora con la edad. Por eso recomiendo verificar la fecha de vencimiento, que debe corresponder a la del año en curso, o, a lo sumo, a la del año anterior. Los aceites deben guardarse en un lugar fresco, oscuro y retirado de la luz solar directa, a una temperatura aproximada de 50 a 60 grados Fahrenheit.

Achiote

Además de dar color y sabor a los alimentos, las semillas de achiote contienen vitamina A. Su color se extrae al freírlas en aceite. Es un buen sustituto del azafrán.

Agar-agar

Esta sustancia gelatinosa que se extrae de algunas algas y que sirve para espesar caldos u otros líquidos es oriunda de Malasia. La prefiero a la gelatina por su procedencia vegetal.

Algas

Añado estas plantas de agua a las sopas y ensaladas hechas con vegetales de la tierra porque son muy nutritivas y mejoran la digestión.

Alfalfa germinada

El germinado o primer tallo que brota de la semilla de alfalfa es un perfecto reconstituyente de la sangre. Debe consumirse crudo, solo o en ensaladas.

Azafrán	El estigma de las flores de esta planta se usa para dar un color amarillo anaranjado a las paellas, arroces, guisos y bizcochos. En la actualidad, "el oro de La Mancha" (nombre con que se conoce al azafrán, por cultivarse en las llanuras de la parte central de España), es la especia más cara del mundo. Sí, el azafrán es costoso, pero realmente es muy poca la cantidad que se requiere para producir efectos magníficos.
Azúcar Turbinado	Un tipo de azúcar morena.
Cilantro	En Puerto Rico se distinguen dos tipos de plantas aromáticas utilizadas como condimento en nuestros platos: cilantro o cilantrillo (*Coriandrum sativum*), que es una planta herbácea con hojas lobuladas, oriundo de Europa; y recao o cilantro del monte (*Eryorgium foetidum*), hierba de terrenos húmedos, oriundo de la América tropical, de hojas espetuladas u oblongas.
Cubo de condimento natural	Utilizo este compuesto natural de especias para enaltecer el sabor de los alimentos y para facilitar la digestión. Recomiendo el que se vende en las tiendas de productos naturales.
Cúrcuma	La cúrcuma hace más apetecibles las comidas por el color amarillo radiante que imparte. Este condimento se obtiene de una planta oriunda de la India.
Fructosa	Al azúcar proveniente de las frutas se le llama fructosa. La prefiero, junto a la miel y la melaza, al azúcar refinada de la caña.
Germen de trigo	Tengo predilección especial por el germen del trigo, nombre dado a la parte de la semilla de que se forma la planta, porque es rico en vitamina E. Este alimento maravilloso, mezclado con la alegría de vivir, ayuda a retardar la vejez.

Granos	Habichuelas y legumbres en general.
Guarapo	Palabra usada en nuestros campos que significa infusión o té.
Harina integral	Aunque hay una gran variedad de harinas, prefiero la integral porque contiene, en forma molida, el grano entero del trigo. Esta harina sabe mejor que la refinada; tiene más cuerpo y nutrientes.
Herbamare	Sazonador en polvo que contiene soya y otras especias.
Lecitina	En vez de engrasar con mantequilla los moldes que uso para hornear, prefiero la lecitina líquida porque no contiene grasas saturadas. La lecitina, que se obtiene de la soya, es constituyente importante de los tejidos. También se consigue en gránulos.
Liquid Aminos	Uso mucho este sazonador en mis recetas cuando no me sirvo de la salsa de soya por el sodio que contiene. El ingrediente principal de los *Aminos* es un extracto proteínico derivado de la soya, uno de los alimentos más completos de la Naturaleza y que mejor asimila el cuerpo humano.
Machaca	El término es invención de mi hija, Awilda Sterling. Es el sofrito, el condimento fresco, molido en la licuadora o el pilón (si usa el pilón recomiendo poner música suave, colocar poco a poco los ingredientes y machacarlos con vaivén cadencioso). La machaca es el corazón de casi todas mis recetas.
Mantequilla Canola	Mantequilla que se elabora con aceite de semilla de colza.

Pimienta de Cayena	La mayoría de las veces el término *pimienta de Cayena* se usa en la época presente para describir el polvo de las pimientas rojas molidas que en el pasado se cultivaban únicamente en la Guayana Francesa. La tendencia actual en la industria de las especias es agrupar estas pimientas bajo el nombre de *pimienta roja*. Además de condimentar, la pimienta de Cayena ayuda a corregir problemas circulatorios.
Pimiento morrón	Tipo de pimiento rojo, más grueso y más dulce que las otras variedades.
Sal marina	Hace bastantes años que he descartado el uso indiscriminado de la sal en las comidas por los efectos nocivos que pueden causar a la salud. Si mis invitados desean más sal, no ofende mi prurito culinario. Les alcanzo un salero lleno de la mejor sal, que es la sal que se recoge en las costas (y se seca al sol o en un horno a 350°F durante 10 horas), o la que proviene de las algas de mar. La sal marina tiene un sabor más fuerte por lo que se usa en menor cantidad.
Salsa de soya	Hay dos tipos de salsa de soya: la espesa y la aguada. La espesa da color y mayor sabor. La aguada es más salada y algunas de este tipo contienen azúcar. La espesa contiene melaza por regla general. Una tiene menos sal que la otra, pero aún así el contenido de sodio que tienen ambas es alto.
Tahini	Sazonador cuyo ingrediente básico es el ajonjolí.
Tamary	Sazonador cuyo ingrediente básico es la soya.
Tofú	Nombre japonés del requesón de soya. Muchos lo llaman *carne sin hueso*. En el Japón hay siete tipos de tofú, de acuerdo con el sabor y la textura. Como

derivado de la soya, el tofú tiene un alto contenido proteínico. Lo empleo en la confección de platos con granos, también en sopas y batidas.

Trocomare   Uso este condimento en mis recetas porque se compone de yerbas y de especias cultivadas en terrenos preparados con abono natural. Además, el *Trocomare* está sazonado con sal marina. Puede obtenerlo en las tiendas de productos naturistas.

Vianda   A mi esposo Tetelo y a mí nos encanta ir a las placitas locales para escoger las viandas más frescas, entre las que se encuentran: tubérculos como el ñame, malanga, batata, yautía, yuca, apio; el nabo, entre las hortalizas, y los frutos de la calabaza, chayote, plátano y panapén.

PROCEDIMIENTOS BÁSICOS

PARA COCINAR HAY QUE ESCOGER CON MUCHO ESMERO LOS INGREDIENTES DE primera calidad. Por supuesto que esto no significa comprar lo más caro, guisar de la manera más difícil ni tener habilidades o talentos especiales. Significa escoger ingredientes y producir platos de alto valor nutritivo, con la mejor disposición y el sentido común más práctico.

Machaca

Monde 1/4 de libra de ajos y pártalos en mitades. Pele 1/4 libra de cebolla y divídala en cubos de 1 pulgada. Lave 1/4 de libra de pimientos de cocinar y divídalos en cubos de 2 pulgadas. Lave 1/8 de libra de ajíes dulces; descárteles las semillas y pártalos en mitades. Corte 8 hojas de recao o cilantro del monte en 3 secciones. Deshoje 2 ó 3 ramas de orégano para obtener una cucharadita y parta tres ramas de cilantrillo en pedazos pequeños.

Combine en la licuadora la cebolla, el ajo y 1/2 taza de agua, a velocidad media. Añada los otros ingredientes y 1/2 cucharadita de sal marina. Luego, continúe moviéndolos hasta obtener una masa uniforme.

Envase el sofrito en un recipiente seco de cristal. Si prefiere, puede congelarlo en pequeñas porciones.

Caldo vegetal

Mezcle en un recipiente una taza de agua, un cubo de condimento natural y 1/4 taza de machaca. Hierva de 10 a 15 minutos. Si desea tomarse una deliciosa taza de caldo puede añadirle las hortalizas que prefiera, tales como: berro, zanahorias, etc.

Almíbar

Combine en una cacerola 1/2 taza de agua por cada taza de azúcar. Puede revolver el agua y el azúcar antes de que empiecen a hervir, pero no después. Deje hervir el agua y el azúcar, sin moverlos, durante 5 minutos. Retire la cacerola del fuego.

Si desea evitar que el almíbar se le cristalice, añada a la mezcla 2 gotas de limón o de vinagre antes de cocer.

Aceite de achiote	Caliente 1 taza de aceite en una cacerola a fuego moderado durante 10 minutos. Apague el fuego y añada 1/2 taza de achiote. Tape la cacerola y déjela enfriar. Cuele el aceite y enváselo en un recipiente seco de cristal. Consérvelo en la nevera.
Cocinar al vapor	Este procedimiento permite retener una cantidad mayor de nutrientes. Cueza los alimentos a fuego moderado o bajo en una cacerola tapada para que no penetre el aire y se produzca un vacío que permita el mantenimiento constante de la temperatura propicia. Así, los alimentos tendrán más nutrientes porque se cocinarán en su propio jugo.
Leche de coco	Abra un coco seco y sáquele la pulpa. Lávela y pártala en pedazos de 1 pulgada. Combine el coco con agua. (Puede emplear el agua del coco.) Mezcle en la licuadora el agua y el coco a velocidad alta durante 5 minutos. Continúe batiéndolos a la misma velocidad hasta formar una masa uniforme. Pase la mezcla por un colador de rejillas muy finas, o exprima la masa con un paño hasta obtener el máximo de leche. Si prefiere rallar el coco o usar una máquina para extraer jugos, la información que sigue le ayudará a calcular la cantidad de leche que necesitará: 1 coco grande le proporciona 1/2 taza de leche; 1 libra de pulpa de coco le proporciona 5 tazas.
Cómo limpiar el calamar	Separe la cabeza y los tentáculos del cuerpo alargado del calamar. Desprenda con cuidado la bolsa de tinta azulada que se encuentra junto a las tripas. Separe las tripas de la cabeza y los tentáculos. Quite con cuidado las bolsas de tinta azulada que se encuentran a cada lado de la cabeza. Guarde las bolsas de tinta si desea cocinar los calamares en su tinta. Vire la cabeza del calamar, de manera que los tentáculos se esparzan. Saque la bolsa redonda que tiene

dos picos. Elimine toda la parte dura de la cabeza. Desprenda las aletas. Saque con cuidado la vaina que se encuentra dentro del cuerpo del calamar. Desprenda toda la membrana que rodea la masa del calamar. Vire el cuerpo al revés y lávelo bien bajo la presión del agua de la pluma para eliminar por completo los granos de arena.

Cómo limpiar el carrucho

Lave el carrucho bajo la presión del agua de la pluma hasta eliminar la arena y la piedra. Quite la primera capa que cubre el carrucho con un cuchillo afilado. Lave el carrucho de nuevo. Pártalo en pedazos del tamaño que desee.

Cómo amortiguar
las hojas de plátano

Divida las hojas en pedazos del tamaño que desee. Use un cuchillo afilado para separar cada una de las hojas de la vena central. Caliente el horno a 350° Farenheit 5 ó 10 minutos antes de colocar en él las hojas seccionadas en una bandeja sin tapar durante 10 ó 15 minutos.

También puede amortiguar las hojas de plátano sobre la hornilla a fuego mediano, o colocar las hojas seccionadas en una bandeja honda con agua suficiente para cubrirlas y hervirlas durante 10 minutos.

Las hojas amortiguadas se consiguen en las plazas del mercado, especialmente en la época navideña. Como están amortiguadas en hogueras, debe limpiarlas con un paño húmedo antes de usarlas.

UTENSILIOS

ME ENCANTA COCINAR AL VAPOR EN MIS HERMOSAS OLLAS DE ACERO INOXIDABLE, Y USAR los enseres que funcionan con la fuerza de mi cuerpo porque me permiten, mediante el ritmo, estar en contacto con la energía de vida que forma parte de mi ser. Los utensilios que enumero en esta sección sirven para confeccionar platos en todo tipo de cocinas. De hecho, usted no necesita ningún equipo especial para preparar estas recetas. Puede sustituir fácilmente el pilón por la licuadora, el procesador de alimentos por el guayo, o un envase de cristal, aluminio o cerámica por una cazuela de barro.

Balanza	para pesar los ingredientes
Batidora manual	de 8 1/2 pulgadas de largo
Cacerolas	una pequeña y otra mediana
Cepillos	para limpiar las hortalizas y vegetales
Coladores	1 colador de acero inoxidable de hoyos grandes y 1 colador de hoyos finos
Cucharas	1 cuchara de cocina de mango largo, de acero inoxidable 1 cuchara de cocina de mango largo, con hoyos, de acero inoxidable 1 cuchara de madera de mango largo 1 conjunto de cucharas de medir 1 cucharón de medir, de acero inoxidable
Cuchillos	1 conjunto de cuchillos de cocina
Escudillas	una de 6 x 10 pulgadas y otra de 3 1/4 x 2 1/2 pulgadas
Espátula de acero inoxidable	de 2 1/2 x 2 1/2 pulgadas
Guayo de acero inoxidable	de 4 x 6 x 13 1/4 pulgadas
Hachuela	con hoja de cortar de 6 pulgadas
Licuadora	

Minutero	
Molde para hornear	de 9 x 8 1/2 x 2 1/2 pulgadas
Mondador de hortalizas	
Ollas	para cocinar al vapor, de acero inoxidable, con tapas y con capacidad para 4 y 6 tazas
Picador	de nogal, preferiblemente
Pilón grande	(mortero)
Tazas de medir de cristal	de 16 onzas y 8 onzas
Tenedor	de cocina, grande
Tijeras de cocina de acero inoxidable de 8 pulgadas	

PLATOS CRIOLLOS PARA OCASIONES DIVERSAS

A CONTINUACIÓN UNA RELACIÓN DE PLATOS QUE SON PRODUCTO DE MI MEMORIA, entrevistas a cocineras y cocineros, lecturas e inventiva personal. Mis sugerencias le inspirarán a crear estilos diferentes para ocasiones diversas.

Debo aclarar que al confeccionar platos busco siempre proveer una alimentación adecuada para mantener el cuerpo en salud, con la energía y el entusiasmo óptimos. No mezclo ingredientes incompatibles en un mismo plato, como las frutas y los vegetales, porque producen sustancias ácidas que afectan la digestión de forma negativa. Por otro lado, la experiencia sí me ha demostrado que resulta muy agradable combinar diferentes texturas y formas de cocción. Además, procuro, hasta donde sea posible, escoger las frutas y los vegetales de la temporada; éstos resultan más nutritivos –porque están en su punto– y menos costosos. Tomo la presentación de los alimentos en la mesa muy en serio: mezclo armoniosamente colores, sabores y olores para realzar los platos y despertar el apetito.

He creído conveniente dejar a su discreción la selección de los postres, ya que incluyen productos refinados. El consumo de estos productos puede afectar la salud. Como alternativa, recomiendo el consumo de frutas y la miel de abejas.

Para poner broche de oro a una cena, obsequio tés de hierbabuena, limoncillo, menta y otras plantas del batey preparadas en ricos y olorosos guarapos.

Almuerzo de Pascua	Ensalada primavera Arroz con granos Filete de pescado al horno
Pasadía en la playa	Ensalada verde Pastelón de coditos y pavo Vegetales horneados
Almuerzo para celebrar el otoño	Ensalada de germinados Arroz con calabaza Pastel árabe criollo
Sábado de noviembre al mediodía	Ensalada de setas, espinacas y zanahoria Pavo al caldero Mofongo
Un almuerzo informal	Ensalada primavera Pechuga de pollo rellena con espárragos Ensalada de papas

Un almuerzo para mantenerse en pie	Ensalada de setas, espinacas y zanahorias Pollo a lo africano Arroz integral sencillo
Un almuerzo vegetariano	Ensalada verde Aguacates rellenos Escabeche de pana
Cena liviana	Caldo de hortalizas Tortas de lentejas
Cena robusta	Puré de avena integral Potaje orgánico
Cena de primavera	Guiso de viandas Pimientos rellenos
Cena de verano	Crema de brécol Tomates rellenos Tortas de papas y lentejas
Cena de otoño	Puré de calabaza Chayote relleno Zanahorias glaseadas
Cena de invierno	Sopa de frijoles negros Canoas de berenjena y tofú
Cena festiva	Sopa de maíz y lentejas Zanahorias rellenas Horneado de vegetales

PARA OBTENER MAYOR PROVECHO DE LOS NUTRIENTES NATURALES

1. Cocine sus alimentos a fuego mediano.
2. Use el agua donde cocine las verduras para sopas, arroces, salsas y otros platos que requieran líquidos.
3. Cocine las verduras solamente hasta que estén tiernas, firmes y crujientes. Los alimentos muy cocidos pierden el valor nutritivo.
4. Consuma frutas y vegetales con cáscara, siempre que sea posible.
5. Añada el aceite a los alimentos luego de retirarlos del fuego.
6. Para endulzar, siempre prefiera la miel, la fructosa y el azúcar morena
7. Trate de incluir cereales integrales a su dieta diaria porque son superiores a los refinados. Contienen más cantidad de elementos nutritivos esenciales.
8. Para condimentar ensaladas y otros platos use el vinagre natural de manzana, o el zumo de limón, en vez del vinagre refinado.
9. Sustituya las grasas animales por los aceites naturales.
10. Planee los menús con tiempo. Se le hará más fácil la tarea de proveer a su familia la alimentación mejor y más sana, de manera agradable y económica.
11. Siempre que sea posible, involucre a la familia en la planificación del menú semanal. Tendrá, como resultado, una familia más unida.

MENÚ

Mi restorán abierto en el camino
para ti, trashumante peregrino.
Comida limpia y varia
sin truco de especiosa culinaria.

Hete aquí este paisaje digestivo
recién pescado en linfas antillanas:
rabo de costa en caldo de mar vivo,
con pimienta de luz y miel de ananás.

Si la inocua legumbre puritana
tu sobrio gusto siente,
y a su térreo sabor híncale el diente
tu simple propensión vegetariana,
aquí está este racimo de bohíos
que a hombro de monte acogedor reposa
–monte con barba jíbara de ríos,
de camarón y guábara piojosa–
sobre cuyas techumbres cae, espesa,
yema de sol batida en mayonesa.

Tengo, para los gustos ultrafinos,
platos que son la gloria de la mesa...
aquí están unos pinos,
pinos a la francesa
en verleniana salsa de crepúsculo.
(El chef Rubén, cuyos soberbios flanes
delicia son de líricos gurmanes,
les dedicó un opúsculo.)

Si a lo francés prefieres lo criollo,
y a tu apetencia, con loable intento,
pírrase por ajiaco y ajopollo
y sopón de embrujado condimento,
toma este calalú maravilloso
con que la noche tropical aduna
su maíz estrellado y luminoso,
y el diente de ajo de su media luna
en divino potaje sustancioso.

(Sopa de Martinica, caldo fiero
que el volcán Mont Pelée cuece y engorda;
los huracanes soplan el brasero,
y el caldo hierve, y sube, y se desborda,
en rebullente espuma de luceros.)

Mas si en la gama vegetal persiste
tu aleccionado instinto pacifista,
con el vate de Asís, alado y triste,
y Ghandi, el comeyerbas teosofista,
tengo setas de nubes remojadas
en su entrañable exudación de orvallo,
grandes setas cargadas
con vitamina eléctrica de rayo,
que dan a quien su tónica acumula
la elemental potencia de la mula.

La casa luce habilidad maestra
creando inusitadas maravillas
de cosas naturales y sencillas,
para la lengua culturada y diestra.
Aquí te va una muestra:
palmeras de ciclón de las Antillas,
cañaveral horneado a fuego lento,
soufflé de platanales sobre el viento,
piñón de flamboyanes en su tinta,
o merienda playera
de uveros y manglares en salmuera,
para dejar la gula regulada
al propio Saladín de la Ensalada.

Mi restorán te brinda sus servicios.
Arrímate a la mesa, pasajero,
come hasta hartar y séante propicios
los dioses de la Uva y el Puchero.

Luis Palés Matos

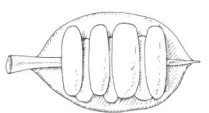

CUANDO SIRVA ENTREMESES ES DESEABLE QUE incluya jugos de frutas frescas, según la temporada de cosecha y ensaladas sencillas de crujientes vegetales. Para su elaboración use las ricas hierbas y especias que distinguen nuestra gastronomía autóctona.

ENTREMESES

ROLLOS DE BERENJENA Y SALMÓN

4 berenjenas frescas de piel lisa
3 tazas de agua destilada
1 cucharada de vinagre de manzana natural
1 cucharadita de *Trocomare*
1 cucharadita de orégano en polvo
1 cucharadita de miel de abejas
1 cucharada de aceite de oliva extra virgen
1 cebolla
1 pimiento morrón fresco
1/2 taza de jugo de zanahoria
1 cucharadita de tomillo
1 cubo de condimento natural
1 1/2 libra de salmón
3 cucharadas de germen de trigo
1 cucharadita de *agar-agar*
2 huevos
1 cucharadita de *Liquid Aminos*

CORTE LAS BERENJENAS SIN MONDAR EN LONJAS. DÉJELAS REPOSAR durante 10 minutos en agua destilada con sal marina. Descarte el agua destilada y enjúguelas con un paño o toalla de papel. Prepare un adobo con el vinagre, el *Trocomare*, el orégano, la miel y el aceite. Mezcle los ingredientes y empape las berenjenas. Colóquelas en una plancha de hornear y cueza por 10 minutos en horno precalentado a 375°F. Retire del horno y reserve aparte.

Monde la cebolla y divídala en trozos pequeños, descarte las semillas del pimiento y córtelo en lascas finas. Cocine al vapor la cebolla, el pimiento, el jugo de zanahoria, el tomillo, el condimento natural y el salmón durante 15 minutos. Retire del fuego y aparte el salmón. Agregue el germen de trigo, el *agar-agar* y el *Liquid Aminos*. Una vez limpie el salmón de espinas y lo desmenuce, destape la cacerola, y proceda a incorporarlo. Revuelva con un tenedor hasta que se mezclen todos los ingredientes.

Bata los huevos hasta que se unan las claras y las yemas. Esparza una porción del relleno en cada lonja de berenjena. Forme varios rollos, rebóselos en huevo y sujételos con palillos de madera. Colóquelos en una plancha de asar. Precaliente el horno a 350°F durante 10 minutos. Hornee durante 15 minutos a la nueva temperatura.

Sirva los rollos sobre hojas de parra coronadas con la salsa de su predilección.

TACOS DE REPOLLO

2 tazas de repollo
1 cebolla lila mediana
12 onzas de tofú firme
1/4 taza de caldo de vegetales
1 cucharadita de *Herbamare*
1 cucharadita de salsa soya
1 cucharada de aceite de ajo
1 cucharadita de *agar-agar*
1 taza de germinados de alfalfa
6 tortillas de maíz

LAVE EL REPOLLO Y CÓRTELO EN LASCAS. MONDE Y PARTA LAS cebollas en ruedas finas. Corte el tofú en cuadros pequeños.

Cocine al vapor el repollo, la cebolla, el tofú, el caldo de vegetales, el *Herbamare* y la salsa soya durante 15 minutos. Retire del fuego y añada el aceite y el *agar-agar*. Revuelva con tenedor todos los ingredientes. Deje reposar y coloque en una fuente de barro y adorne con germinados de alfalfa.

Sirva las tortillas y el picadillo por separado para que cada comensal las colme a su gusto. Esta receta le provee oportunidad para que le dé rienda suelta a su creatividad.

Recicle alimentos y úselos para rellenar e invente todos los rellenos imaginables y compártalos con familiares, amigos y vecinos.

TENTEMPIÉ DE VEGETALES

1 litro de agua destilada
3 tazas de repollo picado
3 zanahorias rebanadas
3 tallos de apio «americano»
4 nabos picados
1/4 taza de machaca
1 cubo de condimento natural
1 cucharada de *Liquid Aminos*
1 cucharada de aceite de girasol
1 taza de germinados de girasol

CALIENTE EL AGUA DESTILADA EN UNA CACEROLA. PREPARE LOS vegetales y échelos en el recipiente cuando el agua comience a hervir. Añada la machaca y el condimento. Cuézalos a fuego lento hasta que estén tiernos. Retire del fuego.

Cuando enfríen viértalos en la licuadora. Añada el *Liquid Aminos* y el aceite de girasol. Licúe hasta que se forme un puré.

Sirva caliente con germinados de girasol.

De don Jaime, el dueño de la Placita en Carolina, -un jíbaro de pura cepa, que nos suple los vegetales frescos que se cosechan en las entrañas de nuestra tierra-, aprendí que los nabos, igual que las papas, pueden emplearse en varias recetas para preparar sopas, ensaladas y postres.

TENTEMPIÉ DE PESCADO

1 cabeza de pescado de 2 libras
1 litro de agua destilada
1 cebolla mediana
2 pimientos verdes de cocinar
8 hojas de recao o cilantro del Monte
1/4 taza de machaca
1 cucharada de sal marina
1 plátano verde
1 libra de calabaza bien madura
1 pizca de pimienta de Cayena
2 cucharadas de aceite de oliva extra virgen
3 ramas de cilantrillo y sal a gusto

LAVE LA CABEZA DE PESCADO. DESCARTE EL AGUA DESTILADA. EN una cacerola combine la cabeza de pescado, el agua destilada, la cebolla partida en 4 trozos, los pimientos sin semillas partidos en tiras, las hojas de recao, la machaca y la sal. Hierva estos ingredientes tapados a fuego medio durante 20 minutos. Retire del fuego. Cuele el caldo y separe a un lado.

Monde el plátano. Córtelo en trozos. Lave la calabaza sin mondar, descarte las semillas y divida en pedazos medianos. Combine estos vegetales con el caldo, la pimienta y el aceite en la licuadora. Licúe hasta formar un puré.

Separe la carne de las espinas de la cabeza del pescado. Lave el cilantrillo y hágalo un picadillo.

Sirva el tentempié bien caliente en tazones. Añada a cada servicio una porción de pescado y un puñado de picadillo.

Este plato ayuda a mantenernos en pie cuando necesitamos apoyo para llegar a la meta. En mi campo, al tentempié se le llamaba pienso, refuerzo alimenticio que sostiene el estómago en lo que llega el plato fuerte.

ALBÓNDIGAS DE PROTEÍNA VEGETAL

Ingredientes para albóndigas
2 tazas de agua destilada
1 cubo de condimento vegetal
1/4 taza de machaca
1 libra de proteína vegetal
2 rebanadas de pan integral
1 cebolla mediana
2 zanahorias
1/4 taza de germen de trigo
1 pizca de sal marina
1 cucharadita de *agar-agar*

Ingredientes para el guiso
2 berenjenas medianas
2 tazas de agua destilada
1 pimiento verde
1 pimiento morrón fresco
2 tallos de cebollinos
2 ramas de albahaca fresca
1/4 de taza de salsa de tomate fresca
1 cucharada de salsa soya
1 cucharadita de orégano en polvo
2 cucharadas de aceite de oliva extra virgen

ECHE LA PROTEÍNA VEGETAL EN 1 1/2 TAZA DE AGUA CALIENTE Y déjela reposar un rato. Combine el agua destilada, el condimento y la machaca en una cacerola. Cuando comience a hervir, retire del fuego y añada la proteína vegetal y el pan. Revuelva ligeramente y deje reposar durante 20 minutos.

Mientras tanto, corte la cebolla en trozos pequeños, monde las zanahorias y rállelas. Añada la cebolla, las zanahorias, el germen de trigo, la sal marina y el *agar-agar* a la proteína vegetal. Amase hasta que todos los ingredientes se mezclen bien. Forme bolas del tamaño que desee. Colóquelas en un recipiente llano y déjalas reposar.

Lave y parta las berenjenas en cuadros de tamaño regular. Limpie los pimientos, descarte las semillas y corte en lascas finas. Lave los cebollinos y corte en segmentos pequeños. Separe las hojas de albahaca del tallo.

Combine los vegetales y el resto de los ingredientes y cueza tapado a fuego moderado durante 10 minutos. Destape la cacerola, añada una a una las albóndigas y cueza tapada durante 15 minutos. Retire del fuego y sirva caliente.

BOLAS DE MERLUZA

1 1/2 libra de merluza
1 libra de papas
2 dientes de ajo
1 cebolla pequeña
2 tallos de apio «americano»
2 ramas de cilantrillo
1 cucharadita de *Trocomare*
1 cucharadita de *Liquid Aminos*
1 cucharada de aceite de oliva extra virgen
2 huevos
6 cucharadas de harina de trigo integral
1/2 litro de aceite Canola

LIMPIE EL PESCADO DE ESPINAS. LAVE LAS PAPAS Y CÓRTELAS SIN mondar en pedazos bien pequeños.

Combine el pescado, las papas, el ajo, la cebolla partida y el apio partido en trozos regulares, el cilantrillo y el *Trocomare*. Cueza a vapor durante 20 minutos. Retire del fuego y añada el *Liquid Aminos* y el aceite de oliva. Triture todos los ingredientes, escúrralos de ser necesario.

Bata ligeramente los huevos, añádalos con la harina a los ingredientes cocidos previamente. Amase hasta que se mezclen bien. Pruebe la masa y sazone a gusto.

Usando una cuchara y sus manos forme bolas del tamaño que prefiera. Rebóselas en harina. Fríalas en aceite Canola caliente a fuego medio hasta que se doren.

Sírvalas bien calientes.

RIOMBOLA DE YUCA Y BACALAO

1 libra de bacalao
2 libras de yuca fresca
1/4 taza de machaca
1 cucharadita de miel de abejas
4 cucharadas de aceite de maíz
2 cucharadas de aceite de achiote
1 cucharadita de *Liquid Aminos*
1/2 litro de aceite Canola (para freír)

Lave y ponga a desalar el bacalao la noche antes de preparar esta receta. Al día siguiente descarte el agua, límpielo de espinas y desmenúcelo. Mantenga en agua destilada fresca hasta el momento de usarse.

Monde la yuca y divídala en trozos de tamaño mediano. Luego, rállela o tritúrela y añádale la machaca, la miel de abejas, el aceite de maíz, el achiote y el *Liquid Aminos*. Forme una masa compacta y mantenga tapada en la nevera.

Caliente el aceite a una temperatura de 375°F. Mientras el aceite se calienta, descarte el agua al bacalao y enjúguelo bien con un paño.

Retire la masa de la nevera. Añada el bacalao a la masa. Mezcle hasta tener una masa uniforme. Forme bolas del tamaño que prefiera y fríalas hasta que estén doradas y floten en el aceite, sáquelas y colóquelas sobre papel absorbente.

Sírvalas frías o caliente para realzar un menú según la combinación que seleccione. Son tan versátiles que puede usarlas como postre cubiertas de miel de abejas.

GUANIMES

A usanza de aquellos tiempos cuando nos alimentábamos en familia consumiendo lo que se producía en nuestros huertos caseros, consideremos un festín celestial comer guanimes con bacalao a la vizcaína. Yo les invito.

Al compartir con ustedes esta ancestral receta, honro a las autoras del libro **Cocine a gusto***: Berta Cabanillas, Carmen Ginorio y Carmen Quirós de Mercado, dignas pioneras de nuestra gastronomía auténtica.*

2 cucharaditas de licor de anís
1/4 taza de agua destilada
1 libra de harina de maíz integral
1 cucharadita de sal marina
1 cucharadita de azúcar *Turbinado* o azúcar morena
1 taza de leche fresca de coco
12 hojas pequeñas de plátano
cordón para amarrar pasteles

EN UNA CACEROLA COMBINE EL AGUA Y EL ANÍS. HIERVA TAPADO A fuego moderado durante 10 minutos. Añada el agua de anís a la leche de coco. Combine todos los ingredientes en una cacerola y cueza a fuego moderado moviendo continuamente con cuchara de madera hasta que la masa se separe del fondo de la cacerola. Retírelo del fuego y deje enfriar.

Mientras tanto, engrase ligeramente las hojas amortiguadas de plátano con un poco de lecitina líquida, o aceite de oliva extra virgen o aceite Canola y corte en pedazos el cordón. Divida la masa en porciones iguales. Coloque en cada hoja una porción, extiéndala, enrolle y amarre en los extremos dejando espacio para que la masa pueda expandirse mientras se cuece.

Échelos en agua destilada hirviendo con sal y cueza tapados durante 20 minutos.

Retire del fuego y sirva caliente.

BACALAO A LA VIZCAÍNA

1 libra de bacalao
1/2 taza de aceite de oliva extra virgen
3 cebollas rebanadas
1/2 taza de salsa de tomate
1/2 taza de aceitunas
1 cucharada de alcaparras
2 dientes de ajo
1 libra de papas rebanadas
2 pimientos maduros asados
1/4 taza de pasas

DESALE EL BACALAO LA NOCHE ANTERIOR DE PREPARAR ESTA RECETA. Al día siguiente ponga el bacalao en agua destilada caliente. Quite el pellejo y las espinas y corte en pedazos de tamaño mediano. En una cacerola ponga el bacalao, cebollas, papas, salsa de tomate, aceitunas, alcaparras, pasas, ajo y tiras de pimientos. Vierta el aceite y cueza a fuego lento durante 30 minutos. Puede cocinarse en el horno.

PIONONOS

3 plátanos maduros y firmes
1 libra de carne molida de pavo
4 cucharadas de machaca
2 cucharadas de salsa de tomate fresca
1 cubo de condimento natural
1 cucharada de alcaparras
1 cucharada de aceite de achiote
1 cucharada de pasas sin semillas
1 cucharada de nueces picadas
2 huevos medianos
1 cucharada de harina de trigo integral
1 pizca de *Herbamare*

MONDE LOS PLÁTANOS Y DIVIDA CADA UNO EN 4 TAJADAS. ASE LAS tajadas en horno precalentado a 350°F hasta que se doren. Retire del horno y reserve.

Mientras tanto, cocine al vapor la carne, la machaca, la salsa, el condimento, las alcaparras, el aceite, las pasas y las nueces durante 15 minutos.

Forme un rollo con cada tajada y sujételos con palillos de madera y luego, rellénelos con el picadillo.

Bata ligeramente los huevos, la harina y el *Herbamare*. Coloque los piononos en un molde llano. Vierta una porción de la mezcla en la parte superior de cada uno.

Cueza en horno precalentado a 350°F hasta que estén sellados.

SETAS RELLENAS

6 setas grandes y frescas
1/2 taza de agua destilada
1 cucharada de limón fresco
2 cucharadas de mantequilla Canola
2 cucharaditas de sal marina
1 cebolla pequeña
2 dientes de ajo
2 ramas de perejil
1/2 taza de vino blanco
1 cucharada de aceite de oliva extra virgen
1 pizca de pimienta Cayena
2 cucharadas de harina de trigo integral
2 cucharadas de mayonesa
1 cucharadita de *agar-agar*
2 huevos
1 pimiento morrón fresco
1/4 taza de salsa de cilantrillo

PREPARE UNA SOLUCIÓN CON EL AGUA DESTILADA Y EL JUGO DE limón. Usando un cepillo de lavar vegetales, limpie suavemente el interior de las setas. Descarte el agua destilada. Desprenda la membrana interior y separe los tallos. Córtelos en pedazos pequeños. Reserve las membranas y los tallos para emplearse más adelante.

Combine en una cacerola las setas, el agua, la mantequilla y la sal. Cueza tapadas a fuego moderado durante 10 minutos.

Mientras tanto, corte la cebolla y el ajo en pedazos bien finos. Desmenuce las ramas de perejil. Añada los vegetales, el vino, el aceite de oliva extra virgen, la pimienta y la harina a las setas. Cueza a baja temperatura, moviendo constantemente con cuchara de madera durante 5 minutos. Retire del fuego y agregue la mayonesa y el *agar-agar*. Mueva el relleno hasta que todos los ingredientes se combinen bien. Mantenga tapado durante 10 minutos.

Hierva los huevos hasta que estén duros. Descascárelos y córtelos en trozos menudos. Divida el pimiento en lascas pequeñas.

Rellene las setas y colóquelas en un molde llano. Cuézalas durante 15 minutos a 375°F en horno precalentado. Retire del horno y corone cada seta con trozos de huevo y lascas de pimiento.

Ponga cada servicio sobre una hoja de lechuga romana. Vierta una cucharada de salsa de cilantrillo sobre cada seta.

CROQUETAS DE PANAPÉN

1 1/2 libras de panapén maduro
1 cubo de condimento vegetal
1 cebolla pequeña
4 cucharadas de mantequilla Canola
1 cucharadita de polvo *curry*
6 rebanadas de pan integral
3 huevos frescos

MONDE EL PANAPÉN. DIVIDA EN TROZOS. AGRÉGUELE EL condimento, cueza a vapor durante 15 minutos y luego, retire del fuego.

Mezcle en un tazón el panapén, la cebolla partida en pedazos pequeñitos muy finos, la mantequilla, el polvo *curry* y un huevo ligeramente batido. Maje bien todos los ingredientes hasta formar una masa compacta.

Tueste el pan hasta que se dore. Pulverícelo en el pilón. Bata dos huevos durante 5 minutos. Trabaje la masa por cucharadas y luego, hay que darle una forma ovalada a cada porción de masa.

Pase las croquetas, una a una, dos veces por el batido de huevos y dos veces por la harina del pan. Manténgalas tapadas a temperatura ambiente durante 1 hora.

Coloque las croquetas en un molde llano ligeramente engrasado. Hornee a 350°F hasta que estén doradas.

Retire del horno y sirva caliente.

CROQUETAS DE ARROZ INTEGRAL

2 tazas de arroz integral cocido
1 cebolla pequeña
2 cucharadas de yogur sin sabor
2 cucharadas de machaca
1 cucharadita de *Herbamare*
1 cucharadita de sal marina
1 pizca de pimienta Cayena
6 rebanadas de pan integral
3 huevos frescos
1/2 litro de aceite Canola

MEZCLE EN UN TAZÓN EL ARROZ, LA CEBOLLA PICADA BIEN FINITA, el yogur, la machaca, el *Herbamare*, la pimienta, la sal marina y un huevo batido ligeramente. Revuelva bien los ingredientes hasta formar una masa compacta.

Tueste el pan hasta que esté dorado. Pulverícelo en el pilón. Bata ligeramente 2 huevos. Trabaje la masa por cucharadas hasta darle forma ovalada y envuélvalas, una a una, dos veces en huevo batido y polvo de pan. Manténgalas a temperatura ambiente durante 1 hora.

Caliente el aceite a 375°F y fríalas hasta que estén doradas. Escúrralas sobre papel absorbente.

Sirva caliente con la salsa de su preferencia.

ALMOJÁBANAS

1/4 taza de agua destilada
1/2 taza de harina de trigo integral
1/2 taza de harina de arroz integral
2 cucharadas de sal marina
1 1/2 taza de queso blanco del país rallado
2 cucharadas de polvo de hornear
1 taza de leche fresca de coco
4 huevos
3 cucharadas de mantequilla Canola
1 litro de aceite Canola

MEZCLE LOS PRIMEROS SIETE INGREDIENTES EN EL ORDEN QUE INDICA la receta. Añada los huevos uno a uno. Vierta la mantequilla derretida. Bata constantemente hasta formar una masa uniforme. Caliente el aceite a 375°F. Agregue con una cuchara porciones de la masa y fría hasta que estén doradas a su gusto. Retire del fuego y coloque sobre papel absorbente. Sirva caliente como acompañante de platos principales, sopas o como postre, bañadas en almíbares de frutas tropicales.

TORTAS DE LENTEJAS Y PAPAS

Estas tortas pueden convertirse en un plato principal acompañadas con zanahorias glaseadas.

1 taza de lentejas
1/2 libra de papas
2 tazas de agua destilada
1 cubo de condimento natural
1 cebolla pequeña
1/4 taza de nueces
1/8 cucharadita de orégano molido
2 cucharadas de machaca
1 cucharada de aceite de ajonjolí
1 clara de huevo

MUELA LAS LENTEJAS CRUDAS EN UN MOLINILLO HASTA OBTENER una harina bien fina.

Lave bien las papas. Divídalas en mitades sin pelar e hiérvalas tapadas a fuego moderado durante 15 minutos en una cacerola que contenga dos tazas de agua destilada y el cubo de condimento natural.

Saque las papas del caldo. Resérvelo para uso futuro. Maje las papas y mezcle con la harina de lentejas.

Lave la cebolla y divídala en cubos de 1/4 de pulgadas. Mezcle los cubos, las nueces, el orégano molido, la machaca y el aceite de ajonjolí con la masa de lentejas y papas.

Bata levemente la clara de huevo y añádala a la masa. Mezcle hasta obtener una majadura uniforme. Amase por cucharadas o en la cantidad que desee hasta obtener el tamaño de torta que desee.

Engrase ligeramente un molde y hornee las tortas de 20 a 30 minutos a 375 °F hasta dorarlas a gusto.

LAS ENSALADAS ESTIMULAN Y FACILITAN EL proceso de digestión. Añaden color, textura y ayudan a iniciar la deliciosa experiencia de nutrirnos adecuadamente. Contienen valiosos minerales y vitaminas. Son alimentos vivos que en ocasiones pueden controlar el consumo desproporcionado de comestibles cocidos.

Al seleccionar los vegetales es deseable que estén frescos y tiernos.

Tenga cuidado al escoger el aderezo apropiado para que este plato resulte más nutritivo y más agradable al paladar.

Una ensalada suele convertirse en un plato principal cuando se le añade proteínas u hortalizas crudas o cocidas.

ENSALADAS

ENSALADA VERDE

6 flores de brécol
1 libra de espinacas frescas
1 mazo pequeño de berros
3 tallos de cebollinos
3 tallos de apio «americano»
1 mazo pequeño de verdolaga
3 pepinillos
12 onzas de tofú
3 dientes de ajo
3 cucharadas de miel de abejas
1 cucharada de salsa de soya
1/2 taza de aceite de girasol
1 mazo pequeño de perejil

LAVE LOS VEGETALES EN AGUA DESTILADA ABUNDANTE. ENJUÁGUELOS y luego, enjúguelos con papel absorbente. Tenga a mano un tazón amplio donde colocar los vegetales tan pronto estén listos.

Cocine al vapor las flores de brécol durante 10 minutos. Rompa las espinacas en pedazos pequeños. Pique el berro, los cebollinos, el apio y la verdolaga en pedazos bien finos. Rebane los pepinillos en rodajas finas.

Combine en la licuadora el tofú, los ajos, la miel, la salsa de soya y el aceite de girasol. Bata a velocidad moderada hasta formar una emulsión. Vierta el aderezo sobre los vegetales. Revuelva bien.

Pique bien fino el perejil y corone la ensalada.

Por lo general, en ocasiones especiales incluimos comidas muy suculentas en el menú. Esta receta nos facilita balancearlo.

La combinación de los ingredientes que la integran la hacen muy alimenticia y de fácil digestión. Tomemos por ejemplo el berro.

El berro contiene proteínas, vitaminas, minerales y enzimas. Tiene propiedades medicinales. Cuando niña viví la experiencia en mi campo de ver cómo se trataban condiciones de las vías respiratorias tomando ponches de berro y las prescripciones médicas indicadas.

El berro es un producto económico que se puede consumir todo el año.

El perejil que adorna con frecuencia nuestros platos es muy nutritivo y medicinal. Se considera que contiene más vitamina C que una china.

La verdolaga, planta silvestre carnosa, rastrera, que antiguamente se empleaba para preparar bebidas refrescantes, tés y ricas ensaladas, se le atribuyen propiedades diuréticas. Hoy, de vez en cuando, podemos conseguirla en las plazas del mercado. Ha desaparecido de nuestro suelo desde que empezamos a "plantar cemento".

Les invito a corroborar esta información en el libro **Plantas medicinales de Puerto Rico** *del doctor Esteban Núñez Meléndez, o visite la oficina de Extensión Agrícola de su pueblo.*

ENSALADA DE QUESO SUIZO EN CREMA

3 manzanas rojas y grandes
1/4 taza de jugo de limón fresco
1/2 libra de queso suizo
1/4 taza de crema agria
1/4 taza de leche de cabra
1 cucharadita de miel de abejas
1 pizca de sal marina
1/4 taza de pasas rubias y nueces picadas
6 ramas pequeñas de albahaca

Lave las manzanas. Ahuéquelas sin pelar cuidando de no romper la cáscara. Empápelas con jugo de limón fresco para evitar que se ennegrezcan.

Combine en la licuadora el queso, la crema, la leche, la miel y la sal. Bata a velocidad moderada hasta formar una pasta cremosa.

Rellene las manzanas. Adórnelas con las pasas, las nueces y una rama de albahaca.

Para este plato, en lugar de la crema, puede emplear tofú. El tofú es el queso o requesón de la habichuela soya. Es una fuente económica y versátil de proteína natural. Puede emplearse en una variedad de platos ya que es insípido, lo que le permite tomar el sabor de los ingredientes que contiene la receta. Puede usted hacer su propio recetario teniendo como base este ingrediente.

Esta receta es creación de mi hija Awilda. Desde pequeña desarrolló amor por la buena cocina, orientada por las dedicadas mujeres que compartían conmigo y con mi esposo la crianza de nuestros hijos: Awilda y Víctor Manuel. Ahora ya toda una profesional exitosa, crea y prepara platos deliciosos como pasatiempo porque dice "que está cocinando desde chiquita". Yo, en cambio, empecé a cocinar con dedicación y compromiso desde "grandecita". Cuando me jubilé del magisterio y de la orientación profesional certificada –¡una hazaña maravillosa!– descubrí talentos escondidos. Exploré nuevos comienzos. Renací. Nunca es tarde para volver a nacer.

¡Renazca usted aquí y ahora!

ENSALADA DE GERMINADOS

2 tallos de cebollinos
1 diente de ajo
1 taza de yogur
1 cucharadita de miel de abejas
1 cucharada de jugo de limón
1 pizca de sal marina
1/4 taza de aceite de oliva extra virgen
1 taza de germinados de alfalfa
1 taza germinados de girasol
1 aguacate maduro, firme

LAVE LOS CEBOLLINOS Y DIVIDA EN PEDAZOS. COMBÍNELOS EN LA licuadora con el ajo, el yogur, la miel de abejas, el jugo de limón, la sal y el aceite de oliva. Bata a velocidad moderada hasta que la mezcla se torne cremosa.

Combine los germinados con el aderezo en un tazón. Al servir añada el aguacate partido en pedazos pequeños adornando la ensalada.

Los germinados son alimentos orgánicos, proteínas maravillosas. Son semillas germinadas que nos proveen energía en forma de enzimas, vitaminas y minerales. Pueden emplearse en ensaladas, emparedados y crudos para realzar el valor nutritivo de productos cocidos.

Consuma siempre los germinados crudos. Sólo los germinados de granos se cocinan al vapor de 15 a 30 minutos.

ENSALADA DE PAPAS

2 libras de papas coloradas
2 tallos de apio «americano»
3 tallos de cebollinos
4 onzas de queso crema
1/2 taza de mayonesa
1 cucharadita de mostaza
1 1/2 cucharadita de *Herbamare*
3 huevos
1/4 taza de guisantes tiernos
6 hojas de repollo lila

COCINE LAS PAPAS AL VAPOR HASTA QUE ESTÉN TIERNAS. PÉLELAS y córtelas en cuadros pequeños.

Lave el apio y los cebollinos y córtelos en trozos finos. Hierva los huevos hasta que se endurezcan. Deje enfriar y divídalos en porciones pequeñas. Mantenga en un recipiente hasta el momento de usarse.

Mezcle el queso, la mayonesa, la mostaza y el *Herbamare*. Bata hasta formar una emulsión.

Combine las papas, el apio, los cebollinos y la emulsión en un tazón. Revuelva.

Sirva sobre hojas de repollo, corone con huevo y guisantes.

Cuando nos referimos a la papa, podemos decir con certeza que es más que un alimento. Este maravilloso producto alimenticio es oriundo de la Cordillera de los Andes. Contiene vitaminas, hierro y fósforo. Es el ingrediente básico de muchas recetas de la gastronomía internacional ya que es un alimento nutritivo, versátil y económico. Se considera el más valioso de los vegetales.

Por todo lo que he expuesto aquí entiendo por qué cuando uno de nuestro proyectos alcanza el logro que esperamos y lucimos alegres y campechanos, alguien al pasar por nuestro lado nos saluda con un espaldarazo y nos dice "Amigo te felicito, estás en las papas..."

La ensalada de papas es uno de los platos obligados de nuestra gastronomía. Reina soberana en giras, bodas, bautizos, cumpleaños y demás jolgorios. Cada quien crea su receta. Estoy segura de que usted tiene la suya. Compártala.

ENSALADA DE CARRUCHO

1 1/2 litro de agua destilada
1 cucharada de sal marina
2 libras de carrucho
1/4 taza jugo de limón
4 dientes de ajo
1 mazo pequeño de recao o cilantro del monte
1 pimiento verde de cocinar
2 ramitas frescas de orégano
4 ajíes dulces
2 cebollas medianas
1 pimiento morrón fresco
1 pimiento verde
1 pimiento amarillo
1/4 taza de aceitunas rellenas y alcaparras
1 pizca de pimienta de Cayena
1/4 taza de aceite de ajo
1/4 taza de vinagre de manzana natural
1 mazo de cilantrillo

LIMPIE Y LAVE EL CARRUCHO CON JUGO DE LIMÓN. ENJUÁGUELO. Combine en una cacerola el agua, la sal, el carrucho, el ajo, el recao, el pimiento, el orégano y los ajíes dulces. Cueza tapado a fuego moderado hasta que el carrucho esté tierno. Separe del fuego. Descarte el agua y divida el carrucho en porciones pequeñas. Manténgalo tapado en un recipiente.

Pele las cebollas y corte en ruedas finas. Lave los pimientos, enjúguelos en papel absorbente. Empápelos en aceite de ajo y colóquelos en una lámina de hornear. Cuézalos durante 10 minutos en horno precalentado a 375°F. Retírelos del fuego y remueva con las manos la piel y las semillas. Corte en lascas finas. Mezcle la pimienta, el aceite y el vinagre. Agite con un tenedor.

Mezcle el carrucho, las cebollas, pimientos, aceitunas, alcaparras y el aderezo. Revuelva bien todos los ingredientes hasta que la ensalada se vea uniforme.

Mantenga la ensalada tapada en la nevera durante 1 hora antes de servirla. Añada cilantrillo fresco picado a cada ración.

El carrucho es uno de los mariscos de mayor consumo en la isla. Me relata mi discípulo y amigo Néstor Curet, de la Fundación para la Investigación de

Vida Marina y Silvestre en Peligro de Extinción, que para los años 50 y 60 en la cafetería Madrid en Ponce un cono de ensalada de carrucho valía $0.35 y un sándwich de carrucho tenía el mismo precio.

Me imagino que si usted es un asiduo consumidor de carrucho y compara el precio que se está pagando ahora desearía volver a la época de don Pablo Curet, dueño de la antigua cafetería Madrid.

ENSALADA DE SETAS, ESPINACAS Y ZANAHORIAS

1 1/2 libra de setas frescas
1 1/2 libra de espinacas frescas
8 tazas de agua destilada
1/2 taza de jugo de limón fresco
1 1/2 libra de zanahorias frescas
1/2 taza de vino seco
1 cucharadita de miel de abejas
1 cucharadita de *Herbamare*
1 cucharadita de sal marina
3 cucharadas de aceite de oliva extra virgen
1 taza de pasas sin semillas y nueces picadas

LAVE LAS SETAS Y LAS ESPINACAS EN AGUA DESTILADA CON JUGO de limón. Enjúguelas en papel absorbente. Corte las setas en tiras finas. Separe las hojas de espinaca de sus tallos. Rómpalas en trozos pequeños con sus manos. Reserve los tallos para uso posterior.

Lave las zanahorias. Córtelas en tiras finas. Conserve los vegetales en un tazón de cristal.

Combine en la licuadora 2 cucharadas de jugo de limón, los tallos de las espinacas, el vino seco, la miel, el *Herbamare*, la sal y el aceite. Bata a velocidad moderada hasta formar una emulsión. Vierta sobre los vegetales. Revuelva.

Mantenga tapada en la nevera. Al momento de servir añada las pasas y nueces.

Las setas son hongos que crecen en cuevas naturales o en espacios deshabitados donde se ha provisto un abono especial para su cultivo. Poseen elementos especiales que al combinarse con otros ingredientes realzan el sabor de los platos. Pueden emplearse en sopas, ensaladas como plato principal o como plato acompañante. Son altamente nutritivas. Contienen proteínas y fósforo. Algunas setas tienen enzimas y vitaminas.

ESCABECHE DE CHAYOTE

4 chayotes grandes
8 tazas de agua destilada
2 cucharadas de sal marina
1 cebolla lila grande
1 pimiento morrón fresco
1 pimiento amarillo
1 pimiento verde
2 dientes de ajo
2 hojas de laurel
1 cucharadita de *Trocomare*
1 pizca de pimienta de Cayena
1 cucharada de miel de abejas
2 cucharadas de vinagre de manzana natural
1/4 taza de aceitunas rellenas
1/4 taza de agua destilada
1/4 taza de aceite de oliva extra virgen
1 mazo de berro

LAVE Y CORTE LOS CHAYOTES EN MITADES. PONGA A HERVIR 8 TAZAS de agua destilada. Añádale la sal. Cuando el agua comience a hervir, añada los chayotes. Cuézalos tapados a fuego moderado hasta que estén tiernos. Separe del agua y reserve aparte.

Mientras tanto, pele la cebolla y corte en ruedas. Lave los pimientos, descarte las semillas y corte en lascas finas. Pele los ajos y píquelos bien fino. En una cacerola eche la cebolla, los pimientos, los ajos, las hojas de laurel, el *Trocomare*, la pimienta, la miel de abeja, el vinagre de manzana natural y las aceitunas. Añada 1/4 taza de agua. Cueza tapada a fuego lento durante 10 minutos. Separe del fuego y añada el aceite de oliva extra virgen. Deje reposar tapado durante 10 minutos.

Proceda entonces a mondar los chayotes. Descarte el centro, córtelos en lascas y colóquelos en una fuente honda de cristal. Vierta sobre los chayotes el guisado. Conserve tapado en sitio fresco durante 1 hora.

Lave el berro y píquelo del tamaño que desee.

Antes de servir el escabeche, revuelva los ingredientes con un tenedor para que se mezclen. Sirva cada ración sobre berros picados.

ESCABECHE DE PANAPÉN

2 libras de panapén maduro y bien firme
8 tazas de agua destilada
1 cubo de condimento natural
4 hojas de recao o cilantro del monte
1 pimiento de cocinar
1 cucharadita de sal marina
1 cebolla lila
2 dientes de ajo
1/4 taza de aceite de oliva extra virgen
3 cucharadas de vinagre de manzana natural
1 pizca de nuez moscada
4 ramas de cilantrillo
2 aguacates maduros y firmes

MONDE Y DIVIDA EL PANAPÉN EN CUATRO PEDAZOS. EN UNA cacerola combine 8 tazas de agua, el condimento, el recao, el pimiento y la sal marina. Cuando el agua comience a hervir añada el panapén. Cueza tapado a fuego moderado hasta que esté tierno. Retire del fuego, descarte el agua y deje enfriar.

Mientras tanto, monde la cebolla y corte en ruedas finas, pele los ajos y machaque levemente, y lave el cilantrillo. Pique bien fino. Cocine a vapor estos ingredientes durante 10 minutos. Añada la nuez moscada, el vinagre y la sal de ajo. Mantenga tapado durante 10 minutos.

Divida el panapén en cubos de tamaño regular. Colóquelos en el recipiente que prefiera llevar a la mesa y añádales el aderezo.

Monde los aguacates, divídalos en cuadros pequeños y corone el escabeche.

ENSALADA PRIMAVERA

2 zanahorias
2 remolachas
1/4 libra de calabaza bien madura
1 taza de repollo blanco
3/4 taza de jugo de limón
1 taza de repollo lila
2 tallos de apio «americano»
1/2 taza de miel de abejas
1/2 taza de rábanos
1 lechuga romana
1/2 cucharadita de sal marina

LAVE Y MONDE LAS ZANAHORIAS Y LAS REMOLACHAS. DIVÍDALAS en trozos. Lave la calabaza, descarte las semillas y divida en pedazos. Limpie los repollos, el apio «americano» y los rábanos, y pártalos en trozos con un cuchillo.

Lave la lechuga. Séquela y córtela en pedazos pequeños con sus manos. En un envase de cristal forme una base con las hojas de lechuga y sobre ellas colóqueles los vegetales.

Vierta el jugo de limón, la miel y la sal en la licuadora. Bata a velocidad moderada hasta formar una emulsión. Vacíela en uno de sus envases de guardar los aderezos. Sirva cada porción de ensalada sin aderezo para facilitar que cada comensal se sirva a gusto.

ENSALADA DE HABICHUELAS MIXTAS

1/4 de libra de habichuelas coloradas
1/4 de libra de habichuelas rosadas
1/4 de libra de habichuelas negras
1/4 de libra de habichuelas blancas
4 tallos de cebollinos
1 pimiento morrón fresco
1 pimiento amarillo
2 remolachas
2 dientes de ajo
1/4 taza de jugo de limón
1/2 taza de aceite de oliva extra virgen
1 cucharadita de *Herbamare*
1 cucharadita de sal marina
6 hojas de lechuga romana

ABLANDE LAS HABICHUELAS POR SEPARADO. CUÉLELAS. RESÉRVELAS en un envase hondo de cristal tapado. Guarde el agua para guisos y arroces.

Lave los cebollinos y córtelos bien finos. Limpie los pimientos, descarte las semillas y córtelos en lascas finas. Añada estos vegetales a los granos.

Lave las remolachas. Cuézalas al vapor, enteras y con cáscara, hasta que estén tiernas. Una vez frías, pélelas y córtelas en cuadros pequeños. Monde los ajos. Combine en la licuadora los ajos, el jugo de limón, el aceite de oliva, el *Herbamare* y la sal. Bata hasta que todos los ingredientes se unan bien.

Añada la remolacha y el aderezo a los granos y vegetales. Mueva bien todos los ingredientes y revuelva hasta que se mezclen bien.

Lave las hojas de lechuga y escúrralas. Sirva cada ración en una hoja de lechuga.

ENSALADA DE ZANAHORIAS Y FRUTAS

1 taza de jugo de manzana natural
12 dátiles secos sin semillas
6 zanahorias
1 libra de uvas moradas
1/2 taza de miel de abeja
1/2 taza de ajonjolí molido
1 cucharada de aceite de ajonjolí
1 pizca de sal marina
3 papayas hawaianas maduras y firmes
1/2 taza de coco fresco rallado

El día anterior de preparar esta receta, remoje los dátiles en el jugo de manzana. Al día siguiente páselos por un colador, enjúguelos con papel absorbente y reserve aparte el jugo.

Lave las zanahorias y rállelas. Lave las uvas, divídalas en mitades y descarte las semillas. Lave las manzanas, corte en lascas finas sin quitarles la piel. Coloque las frutas y zanahorias en un envase de cristal con tapa.

Combine en la licuadora la miel, el ajonjolí, el aceite, la sal y el jugo de manzana. Bata a velocidad moderada hasta que todos los ingredientes se integren. Añada esta salsa a las frutas. Revuelva.

Lave las papayas. Córtelas en mitades, descarte las semillas. Sáqueles parte de la pulpa con un cuchillo afilado.

Al momento de servir rellene las papayas con el combinado de frutas aderezadas y coronadas con ralladura de coco fresco.

ENSALADA DE PAPAYA VERDE

1 1/2 libra de filete de bacalao
2 libras de papaya
1 cebolla
2 tazas de leche fresca de coco
1 cubo de condimento natural
2 dientes de ajo
4 hojas de recao o cilantro del monte
1 cucharadita de orégano
1 cucharadita de miel de abejas
1 cucharada de vinagre de manzana natural
4 cucharadas de aceite de oliva extra virgen
1 cucharadita de *Trocomare*

EL DÍA ANTES DE PREPARAR ESTA RECETA PONGA A DESALAR EL bacalao en suficiente agua destilada. A la mañana siguiente cuélelo. Limpie de espinas y desmenúcelo. Colóquelo en agua destilada fresca.

Monde la papaya, descarte las semillas y corte en cubos de 1 pulgada. Pele las cebollas y corte en mitades. Combine en una cacerola la papaya, la cebolla, la leche de coco y el cubo de condimento natural. Cueza tapado a fuego moderado hasta que la papaya esté tierna.

Retire del fuego, pase por un colador y mantenga por separado la papaya y el caldo.

Combine en la licuadora el caldo, el ajo, el recao, el orégano, la miel, el *Trocomare*, el vinagre y el aceite. Bata bien a velocidad moderada.

Coloque la papaya en un envase amplio y hondo. Cúbrala con el aderezo. Revuelva.

Enjugue el bacalao con un paño. Espárzalo sobre los ingredientes.

LA SOPA, COMO PLATO DE ENTRADA, AYUDA A estimular el apetito y prepara el organismo para recibir el resto de los alimentos del menú.

Hay diferentes clases de sopas, dependiendo de la variedad y cantidad de los ingredientes, como también las cremas, purés, potajes y los caldos. En ocasiones la sopa puede convertirse en plato principal como son los sopones, el asopao y los sancochos.

Es costumbre ancestral de la mayoría de los africanos tener siempre una olla con una gustosa sopa para obsequiar y darle la bienvenida al visitante. Esta costumbre nace de la necesidad de reciclar todo lo que sobra y convertirlo en un sabroso potaje para disponer de él cuando el hambre grite. De niña viví esta experiencia en mi campo de Santana cuando atravesamos las penurias del "tiempo muerto" de la industria de la caña de azúcar.

Mientras recuerde esa vivencia, seguiré honrando las sopas con respeto y agradecimiento.

SOPAS Y PURÉS

CALDO SANTO

El día anterior de la preparación de esta receta ponga a desalar el bacalao. Al día siguiente pase por un colador, descarte el agua, limpie el bacalao de espinas, desmenúcelo y manténgalo en agua fresca hasta el momento de usarse.

1 1/2 libra de bacalao
1 1/2 libra de pescado (el de su preferencia)
3 cucharadas de limón fresco
4 tazas de agua destilada
1 cebolla
1 pimiento de cocinar
1 mazo pequeño de recao o cilantro del monte
4 ramas de cilantrillo
3 ajíes dulces
3 dientes de ajos
1 cubo de condimento natural
6 tazas de leche fresca de coco
1/2 libra de yautía
1 libra de batata blanca
1/2 libra de calabaza
2 plátanos bien verdes
3 cucharadas de machaca
2 cucharadas de aceite de oliva

REMOJE EL PESCADO EN JUGO DE LIMÓN Y ENJÚGUELO CON UN PAPEL absorbente.

Pele la cebolla y divida en dos pedazos. Lave el pimiento de cocinar, pártalo en dos y descarte las semillas. Lave el recao y el cilantrillo. Lave los ajíes, parta en mitades y descarte las semillas. Pele los ajos y macháquelos levemente.

Combine el agua, todas las hortalizas y el condimento en una cacerola. Cuando el agua comience a hervir, añada el pescado y cueza, tapada, a fuego moderado durante 15 minutos. Retire del fuego, pase los ingredientes por un colador. Limpie el pescado de espinas. Manténgalo tapado en un recipiente. Reserve el caldo en la olla y descarte las hortalizas.

Monde las viandas y divídalas en pedazos de 2 pulgadas. Combine el caldo en que hirvió el pescado, la leche de coco, las viandas y la machaca. Cueza tapado a fuego moderado durante 15 minutos. Destape la olla y saque los pedazos de plátano. Tape la olla y continúe la cocción hasta que las viandas estén tiernas y el caldo tenga el espesor que a usted le guste.

Mientras tanto, coloque los plátanos en el pilón y macháquelos hasta obtener una masa uniforme. Añada salsa de yaniklée a su gusto dependiendo del espesor que prefiera. Continúe amasando hasta que esté suave y bien condimentado. Forme con sus manos mofongos del tamaño que desee.

Retire el caldo del fuego. Destápelo y añádale el bacalao, el pescado, los mofongos y el aceite de oliva. Revuelva con cucharón de madera. ¡Felicítese! y deje reposar tapado 10 minutos antes de servirlo.

Les invito a que acompañen esta delicia culinaria con arroz con coco. Así usted se unirá a los muchos puertorriqueños que aún honran nuestra gastronomía ancestral.

El Jueves Santo en Loíza Aldea se acostumbra a preparar este divino plato, una comida por sí sola cuando se acompaña de ensalada verde.

Usted puede utilizar la combinación de viandas que prefiera para hacer el caldo, siempre y cuando incluya la batata blanca, ingrediente principal junto a la leche de coco para obtener el sabor dulzón que le es característico.

SOPA DE LENTEJAS Y MAÍZ

1 libra de lentejas secas
4 mazorcas de maíz bien tierno
8 tazas de caldo de vegetales
1 cebolla
4 hojas de recao o cilantro del monte
1/2 libra de repollo
3 cucharadas de machaca
1 cubo de condimento natural
2 cucharadas de aceite de oliva extra virgen
sal marina a gusto

LAVE LAS LENTEJAS Y REMÓJELAS DE 1 A 2 HORAS ANTES DE cocinarlas para que ablanden.

Mientras tanto, desgrane las mazorcas. Pele y corte la cebolla en pedazos pequeñitos. Lave el recao. Lave el repollo y corte en tiras finas.

Pase las lentejas por un colador. Descarte el agua.

Combine en una olla el caldo, las lentejas, el maíz, la cebolla, el recao, el repollo, la machaca y el condimento. Cueza tapado a fuego lento hasta que todos los ingredientes estén tiernos. Retire del fuego, remueva y añada el aceite. Sazone a gusto.

Sirva caliente en tazones acompañados de tostadas de pan integral con ajo.

PURÉ DE MAÍZ TIERNO

6 mazorcas de maíz bien tierno
3 zanahorias
2 dientes de ajos
3 tallos de cebollinos
6 tazas de caldo vegetal
1 cubo de condimento vegetal
1 pizca de orégano
1/4 taza de leche fresca de coco
1 cucharadita de miel de abejas
1 pizca de sal marina
1 cucharada de aceite de ajonjolí

DESGRANE LAS MAZORCAS. PELE LAS ZANAHORIAS Y LOS AJOS. Lave los cebollinos. Corte las zanahorias, los ajos y los cebollinos en pedazos pequeños.

Combine los vegetales, el caldo, el condimento y el orégano en la licuadora. Bata a velocidad moderada hasta que se forme una masa uniforme. Cueza tapado a fuego lento durante 10 minutos. Mueva ocasionalmente con cuchara de madera. Retire del fuego y añada la leche de coco, la miel, la sal y el aceite.

Remueva y deje reposar tapado durante 10 minutos.

Sirva en tazones con germinados de girasol.

PURÉ DE PAPAS

1 1/2 libra de papas
1 remolacha
2 tallos de cebollinos
6 tazas de caldo de vegetales
1/2 taza de yogur
1 cucharadita de *Liquid Aminos*
1 cucharadita de miel de abejas
2 cucharadas de aceite de ajo
6 ramitas de perejil

LAVE LAS PAPAS, LA REMOLACHA Y LOS CEBOLLINOS Y DIVÍDALOS en pedazos pequeños. Combine los vegetales y el caldo en la licuadora. Bátalos a velocidad moderada hasta que formen una masa uniforme.

Vierta la masa en una cacerola, añada el condimento, el orégano y cueza tapada a fuego lento durante 10 minutos.

Retire del fuego, añada el yogur, el *Liquid Aminos*, la miel y el aceite de ajo.

Sirva caliente en tazones coronados con ramitas de perejil.

SAMBUMBIA

1 libra de filete de bacalao
2 tazas de leche de coco fresca
2 libras de berenjena
2 libras de papaya pintona
1 libra de tomates maduros
1/4 taza de machaca
1 pimiento morrón fresco
1 pimiento verde
1/8 cucharadita de pimienta Cayena (opcional)
2 mazos de cilantrillo bien fresco

REMOJE EL BACALAO DESDE LA NOCHE ANTERIOR. A LA MAÑANA siguiente cámbiele el agua y mantenga aparte. Lave la berenjena, parta en cuadros de 2 pulgadas. Remoje en agua durante 10 minutos. Descarte el agua y reserve aparte. Monde la papaya, descarte las semillas y también divida en cuadros de 2 pulgadas. Lave los tomates y divida cada uno en 4 partes. Limpie los pimientos, descarte las semillas y divida en lonjas finas. Prepare la machaca.

Cocine todos los ingredientes a vapor, a fuego moderado por 20 minutos.

Sirva coronado con un picadillo fino de cilantrillo. Acompáñelo con guanimes, con su vianda preferida o con arroz blanco o guisado.

SOPA DE HORTALIZAS

10 tazas de agua destilada
1 cebolla
2 ramitas de cilantrillo
1 cubo de condimento natural
1/4 taza de avena integral
1 libra de nabos
1 panapén pequeño maduro
1 libra de repollo
4 cucharadas de machaca
1/4 taza jugo de tomate
1 cucharada de germen de trigo
1 pizca de pimienta de Cayena
2 cucharadas de aceite de ajo

PELE LA CEBOLLA. DIVIDA EN MITADES. LIMPIE EL PIMIENTO. Divida a lo largo y descarte las semillas. Lave el cilantrillo.

Combine en una cacerola el agua, la cebolla, el cilantrillo, el condimento y la avena integral. Cueza tapado a fuego lento durante 15 minutos. Retire del fuego, cuele el caldo, descarte las hortalizas. Retenga el caldo y la avena.

Lave y pele los nabos. Córtelos en ruedas. Monde y corte el panapén para eliminar la parte central. Descarte las semillas de la calabaza. Parta el panapén y la calabaza, sin mondar, en trozos pequeños. Corte el repollo en tiras.

Combine el caldo con la avena, los vegetales, añada el jugo de tomate y la machaca. Cueza tapado a fuego moderado hasta que las viandas estén tiernas.

Retire del fuego y añada el germen de trigo, la pimienta y el aceite. Revuelva y mantenga tapado hasta el momento de servir.

SOPA DE BERRO

8 tazas de agua destilada
1 cebolla
2 dientes de ajo
2 papas grandes
1 rama pequeña de orégano fresco
2 cucharadas de machaca
1/2 taza de yogur natural
2 cucharadas de salsa soya
1 cucharadita de *Trocomare*
1 mazo de berro bien fresco
2 cucharadas de aceite de oliva extra virgen

PELE LA CEBOLLA Y EL AJO. DIVÍDALOS EN 4 PORCIONES. LAVE LAS papas y sin mondar divídalas en pedazos pequeños. Ponga a hervir el agua en una cacerola. Cuando comience a hervir añada la cebolla, los ajos, las papas, el orégano y la machaca. Cueza tapado a fuego lento durante 15 minutos. Retire del fuego, descarte las hortalizas y reserve el caldo y las papas.

Lave el berro y pártalo en trozos con sus manos. Añádalos al caldo y las papas junto con el yogur, la salsa soya, el *Trocomare* y el berro. Revuelva. Cueza tapado también a fuego lento durante 10 minutos. Agregue el aceite.

Retire del fuego y conserve tapado durante 5 minutos antes de servir.

SOPA DE PESCADO

10 tazas de agua destilada
3 dientes de ajo
3 ajíes dulces
1 pimiento de cocinar
1 cubo de condimento natural
1 cabeza de pescado
1 libra de pescado (el que prefiera)
3 zanahorias
2 tallos de cebollinos
1 mazo pequeño de acelgas
6 papas rojas pequeñas
2 cucharadas de machaca
1 cucharadita de sal marina
1 cucharada de aceite de oliva extra virgen
6 rebanadas de pan integral
2 cucharadas de aceite de ajo

PELE LOS AJOS Y MACHÁQUELOS LEVEMENTE.
Lave y corte los ajíes y el pimiento en mitades. Descarte las semillas. Lave el pescado con jugo de limón. Enjúguelo con papel absorbente y mantenga tapado.

Ponga a hervir el agua con los ajíes, el pimiento, el ajo y el condimento. Añada el pescado cuando el agua comience a hervir. Cueza tapado a fuego moderado durante 15 minutos. Retire del fuego y cuele el caldo. Limpie el pescado y reserve aparte. Descarte los vegetales cocidos. Retenga el caldo en la cacerola.

Lave y pele las zanahorias. Córtelas en ruedas finas. Parta los cebollinos y los tallos de las acelgas en pedazos pequeños. Troce con sus manos las hojas de acelga.

Combine el caldo, las hortalizas, las papas, la machaca y la sal marina. Cueza tapado a fuego moderado durante 20 minutos.

Retire del fuego, añada el pescado y el aceite de oliva. Revuelva y mantenga tapado durante 10 minutos antes de servir.

Mientras tanto, unte el aceite al pan con una brocha. Tueste las tajadas en una lámina de hornear hasta que se doren. Divídalas en dados o cubos pequeños y úselas como adorno al servir la sopa en tazones.

CREMA DE BRÉCOL

4 tazas de caldo de vegetales
1 cabeza mediana de brécol
1 cebolla pequeña
1 rama de albahaca
2 cucharadas de avena integral
1 cubo de condimento vegetal
2 cucharadas de machaca
1 cucharadita de jengibre rallado
1 cucharadita de miel de abejas
1 cucharada de *Trocomare*
1/2 taza de yogur natural
2 cucharadas de aceite de oliva extra virgen
1 mazo de cilantrillo

LAVE EL BRÉCOL Y DIVIDA EN TROZOS. PELE LA CEBOLLA Y CÓRTELA en 4 pedazos. Lave la albahaca.

Combine en la licuadora el caldo de vegetales, el brécol, la cebolla, la albahaca y la avena. Bata a velocidad moderada durante 5 minutos.

Cueza en una cacerola, a fuego moderado y tapado durante 15 minutos, el combinado de los ingredientes batidos, el condimento, la machaca y el jengibre. Retire del fuego y añada la miel, el *Trocomare* y el yogur. Revuelva bien y añada el aceite de oliva.

Mantenga tapado durante 10 minutos antes de servir.

Lave el cilantrillo y píquelo fino. Sirva la crema en tazones, adornada con un manojo de cilantrillo.

POTAJE DE FRIJOLES NEGROS

1 cebolla
2 dientes de ajos
1 pimiento de cocinar
1 pedazo de jengibre de 2 pulgadas
1/4 taza de machaca
1 libra de frijoles negros
2 litros de agua destilada
1 libra de batata blanca
1 pimiento verde
1/4 libra de repollo
1/2 taza de jugo de tomate
1 hoja de laurel
1 cubo de condimento natural
1 pizca de orégano
1 cucharadita de comino
2 tazas de leche fresca de coco
2 cucharadas de aceite de oliva extra virgen

PELE LA CEBOLLA Y LOS AJOS. DIVIDA EN TROZOS PEQUEÑOS. LAVE el pimiento de cocinar y corte a lo largo en mitades. Descarte las semillas. Machaque el jengibre.

Lave los frijoles. Ponga a hervir el agua. Cuando alcance el punto de ebullición añada los frijoles, la cebolla, los ajos, el pimiento, el jengibre y la machaca. Cueza tapado a fuego moderado durante 20 minutos. Pase el contenido por un colador. Descarte los pedazos de vegetales aquí usados y retenga el caldo con los frijoles. Mantenga tapado durante 1 hora.

Mientras tanto, lave bien las batatas. Corte en pedazos sin mondar. Limpie el pimiento verde, corte a lo largo en mitades, descarte las semillas y pártalo en tiras finas. Lave el repollo y corte en lascas.

Continúe cocinando los frijoles hasta que estén tiernos. Destape la olla y añada la batata, el otro pimiento verde, el repollo, el jugo de tomate, el laurel y el condimento. Cueza tapado hasta que todos los ingredientes estén tiernos.

Retire del fuego y añada el orégano, el comino, la leche de coco y el aceite de oliva.

Remueva y deje reposar hasta el momento de servir. Sazone a su gusto.

GARBANZADA

El día anterior a la preparación de esta receta deje en remojo los garbanzos. Al día siguiente cuélelos, descarte el agua y añada agua fresca.

1 1/2 libra de garbanzos
2 dientes de ajo
1 cebolla
4 hojas de recao o cilantro del monte
3 ajíes dulces
1 pimiento de cocinar
1 cubo de condimento natural
2 litros de agua destilada
1 libra de calabaza bien madura
6 papas rojas bien pequeñas
1/2 libra de repollo
1/2 taza de jugo de tomate
4 cucharadas de machaca
1 cucharadita de *Herbamare*
1/2 cucharadita de cúrcuma
1 cucharada de vinagre de manzana natural
2 cucharadas de aceite de oliva extra virgen

PELE LOS AJOS Y LA CEBOLLA. DIVÍDALAS EN PEDAZOS PEQUEÑOS. Lave el recao, los ajíes dulces y el pimiento de cocinar. Corte en mitades los ajíes y descarte las semillas. Parta el pimiento en mitades. Descarte las semillas y corte en lascas finas.

Combine el agua, los garbanzos, las hortalizas y el cubo de condimento y cueza tapado a fuego moderado hasta que los garbanzos estén casi tiernos.

Mientras tanto, lave la calabaza, descarte las semillas y corte sin mondar en pedazos pequeños. Lave las papas. Corte en tiras finas el repollo. Añádalas al guiso. Agregue el jugo de tomate y la machaca. Cueza tapado a fuego lento durante 15 minutos.

Retire del fuego y añada *Herbamare*, cúrcuma, vinagre y aceite de oliva. Remueva y sazone a su gusto.

Sirva en platos hondos, acompañado de arroz integral sencillo, o con tostadas de pan integral, quizás con salsa de garbanzos o acaso con guacamole.

Hay mucho margen para su creatividad.

GUISO DE VIANDAS

2 tallos de cebollinos
3 dientes de ajo
4 hojas de recao o cilantro del monte
4 ajíes dulces
1 pimiento de cocinar
1/4 taza de machaca
10 tazas de caldo vegetal
1/2 libra de yautía
1/2 libra de ñame
1/2 libra de batata
1 libra de calabaza bien madura
3 mazorcas de maíz tierno
6 quimbombós tiernos
1 cubo de condimento natural
1 pizca de orégano en polvo
I pizca de pimienta de Cayena
2 cucharadas de aceite de oliva extra virgen
1 mazo pequeño de cilantrillo

LAVE LOS CEBOLLINOS Y CORTE EN RUEDAS. PELE LOS AJOS Y DIVIDA en mitades. Lave los ajíes y el pimiento, pártalos en mitades y descarte las semillas.

Caliente el caldo de vegetales y cuando comience a hervir añada las hortalizas y la machaca. Cueza tapado a fuego moderado durante 15 minutos. Retire del fuego. Cuele el caldo, descarte las hortalizas y resérvelo para usar más tarde.

Monde la yautía y el ñame. Corte en trozos. Lave la batata y la calabaza. Corte en trozos sin mondar. Descarte las semillas de la calabaza. Divida las mazorcas en ruedas de 1 pulgada. Pique los quimbombós en ruedas pequeñas.

Añada las viandas, el maíz y los quimbombós al caldo. Cueza tapado hasta que las viandas estén tiernas. Destape la olla y añada el condimento, el orégano, la pimienta y el aceite. Mueva el guiso con cuchara de madera.

Retire del fuego. Sazone a su gusto. Manténgalo tapado hasta el momento de servir.

Lave el cilantrillo, píquelo bien fino y use un puñado para decorar cada porción de este manjar.

PURÉ DE AVENA INTEGRAL

El día anterior a la preparación de esta receta combine el caldo y la avena en un recipiente de acero inoxidable. Manténgalos tapados en la nevera hasta el momento de usarse.

7 tazas de caldo de vegetales
1/2 taza de avena integral
1 cebolla
2 zanahorias
2 dientes de ajo
2 tallos de apio «americano»
1/4 taza de guisantes tiernos
1/2 taza de yogur natural
1 cucharadita de miel de abejas
1 cucharadita de sal de ajo
1 cucharada de aceite de ajonjolí
1 remolacha fresca
6 ramitas de cilantrillo

LAVE LAS VERDURAS. PELE LA CEBOLLA, LAS ZANAHORIAS Y LOS dientes de ajo. Pártalos en pedazos pequeños. Divida el apio en trozos.

Bata en la licuadora a velocidad moderada el combinado de avena y los vegetales hasta tener una masa homogénea.

Cueza moviendo constantemente con cuchara de madera durante 10 minutos.

Retire del fuego y añada los guisantes, el yogur, la miel, la sal y el aceite. Remueva y deje reposar tapado durante 10 minutos.

Mientras tanto, lave, seque y ralle la remolacha sin mondar. Lave y seque las ramitas de cilantrillo.

Sirva el puré salpicado con ralladura de remolacha y el cilantrillo.

PURÉ DE CASABE

7 tazas de caldo de pescado
1 torta de casabe
1 cebolla
4 cucharadas de machaca
2 ramas de cilantrillo
1 cubo de condimento natural
1 taza de leche fresca de coco
1 cucharadita de sal de ajo
2 cucharadas de mantequilla de ajo
1 mazo de berro
1 cucharadita polvo *curry*

PARTA LA TORTA DE CASABE CON SUS MANOS Y BENDÍGALO. Remójelo durante 1 hora en el caldo de pescado. Mantenga tapado.

Pele una cebolla pequeña. Córtela en pedazos. Muela en la licuadora el combinado de casabe, la cebolla, la machaca y el cilantrillo, hasta que todos los ingredientes se compacten.

Viértalos en una olla y cuézalos a fuego lento moviendo constantemente durante 10 minutos.

Retire del fuego y añada la leche, el *curry*, la sal y la mantequilla. Revuelva, retire del fuego y deje reposar. Lave el berro y pique bien fino. Sirva el puré salpicado de berros.

PURÉ DE CALABAZA

1 libra de calabaza bien madura
2 dientes de ajo
2 tallos de cebollinos
3 cucharadas de machaca
2 cucharadas de mantequilla Canola
1 cubo de condimento natural
1/2 taza de leche fresca de coco
1 cucharadita de polvo *curry*
1 cucharada de *tamary*
1 cucharadita de miel de abeja
1/2 taza de leche de ajonjolí

LAVE Y CORTE LA CALABAZA SIN MONDAR, DIVÍDALA EN PEDAZOS pequeños y descarte las semillas. Pele los ajos y divida en mitades. Corte los cebollinos en trozos.

Combine el caldo y las hortalizas en la licuadora y bátalos a velocidad moderada hasta que se unan bien.

En una cacerola mezcle este combinado con la machaca, la mantequilla y el condimento. Cueza tapado a fuego lento durante 10 minutos. Mueva ocasionalmente con cuchara de madera. Retire del fuego y añada el *curry*, el *tamary*, la miel de abejas y la leche. Revuelva y mantenga tapado durante 10 minutos. Sazone a gusto.

Sirva con germinados de alfalfa.

PURÉ DE LENTEJAS

3/4 libra de lentejas
7 tazas de caldo de vegetales
1 cebolla
2 dientes de ajo
2 tallos de apio «americano»
3/4 libra de papas pequeñas
1 rama de orégano fresco
4 cucharadas de machaca
1 cubo de condimento natural
1 cucharada de salsa soya
1/2 taza de leche de almendras
2 cucharadas de aceite de oliva extra virgen
3/4 libra de calabaza bien madura

Lave las lentejas y combínelas con el caldo. Deje reposar tapadas durante 1 hora.

Pele la cebolla y el ajo. Córtelos en pedazos pequeños. Lave el apio y córtelo en aros. Lave las papas y córtelas, sin mondar, en trozos.

Coloque el combinado de lentejas y las hortalizas en la licuadora. Licúe hasta tener una masa homogénea. Combine en una cacerola la masa, la machaca, la mantequilla de ajo y el cubo de condimento natural.

Cueza tapado a fuego lento durante 15 minutos. Mueva ocasionalmente con cuchara de madera. Retire del fuego y añada la salsa soya, la leche de almendras y el aceite de oliva. Remueva y mantenga tapado hasta el momento de servir. Sazone a gusto.

Lave la calabaza, séquela y descarte las semillas. Rállela sin mondar.

Sirva cada ración de puré salpicada de calabaza rallada.

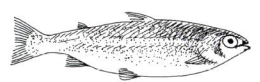

EL PLATO FUERTE DE LAS COMIDAS ESTÁ DETER-
minado fundamentalmente por las carnes o pescados. Para algunos puede ser una opción de comida
entera.

PLATOS PRINCIPALES

PASTELÓN DE PANA Y BRÉCOL

1 panapén mediano y maduro
6 cucharadas de machaca
1 cucharada de sal marina
1/2 cucharadita de nuez moscada
4 cucharadas de mantequilla Canola
1 mazo de brécol fresco
1 cebolla mediana
2 ramas de perejil fresco
1 taza de jugo de tomate
1 cubo de condimento natural
1/4 taza de almendras picadas
1 cucharadita de *Herbamare*
1 cucharada de aceite de oliva extra virgen
1/2 taza de queso *mozzarella*
6 hojas de lechuga romana

Monde el panapén y córtelo en pedazos. Póngalo a hervir tapado a fuego moderado durante 20 minutos. Descarte el agua y májelo. Combine en una cacerola el panapén, sal, nuez moscada y la mantequilla. Maje bien hasta que todos los ingredientes se unan. Mantenga tapado hasta el momento de usarse.

Lave el brécol. Separe las flores de los tallos. Reserve los tallos. Pueden emplearse en la preparación futura de sopas y salsas. Cueza tapado a fuego bajo las flores del brécol, la cebolla, el perejil, el jugo de tomate y el cubo de condimento natural. Retire del fuego y añada las almendras, el *Herbamare* y el aceite de oliva. Remueva hasta que se mezcle bien. Pruebe y sazone a gusto.

Divida la masa en dos mitades. Engrase un molde y coloque la mitad de la masa. Vierta sobre la masa el guisado, luego la mitad de queso y después el resto de la masa. Selle con queso *mozzarella*.

Cueza en el horno durante 25 minutos a 350° F o hasta que se dore a su gusto.

Sirva a temperatura ambiente sobre hojas de lechuga romana. Si desea, coloque sobre cada porción lascas de pimiento morrón.

LASAÑA DE POLLO Y BERENJENA

1/2 libra de pasta de lasaña integral
2 litros de agua destilada
1 cucharada de sal marina
2 cucharadas de aceite Canola
1/2 libra de berenjena
1/2 libra de pechuga de pollo
1/4 taza de machaca
1/2 taza de salsa de tomate
1 cubo de condimento natural
1/2 taza de agua destilada
2 cucharadas de aceite de oliva extra virgen
1 cucharada de lecitina líquida
1/2 libra de queso *mozzarella* rayado
1/2 libra de queso *ricotta*
1/4 taza de queso parmesano rayado

En una cacerola ponga a hervir 2 litros de agua. Añada 2 cucharaditas de sal marina. Cuando empiece a hervir añada una a una la pasta de lasaña para evitar que se pegue.

Cocine destapada por 15 minutos. Retire del fuego, pase por un colador, añada agua fría y escurra. Reserve aparte hasta el momento de usarse.

Lave las berenjenas y pártalas en trozos. En un recipiente mezcle 3 1/2 tazas de agua y 2 cucharaditas de sal marina. Remoje las berenjenas durante 10 minutos. Descarte el agua, enjuague y reserve.

Lave la pechuga. Combine la pechuga, la machaca, la salsa de tomate, el condimento natural y 1/2 taza de agua. Cocine tapado a fuego moderado por 10 minutos. Destape la cacerola y añada la berenjena. Tape y continúe cocinando por 15 minutos. Baje del fuego y añada el germen de trigo y el aceite de oliva.

Engrase un molde con lecitina, añádale unas 2 ó 3 cucharadas de salsa de tomate y coloque la lasaña en camadas. Alterne con la pechuga en salsa, el queso *mozzarella* y el queso *ricotta* hasta colocar todos los ingredientes. Termine coronando con el queso parmesano. Meta en el horno a 350° F hasta que el queso se derrita. Sirva a temperatura ambiente.

CANOA DE BERENJENA Y TOFÚ

3 berenjenas firmes de piel suave y color uniforme
1/2 libra de tofú
1/2 cebolla
1/2 pimiento morrón fresco
3 cucharadas de machaca
1 cucharadita de salsa de soya
2 cucharadas de germen de trigo
1 pizca de cúrcuma
1 cucharadita de *Trocomare*
1 cucharada de aceite de oliva extra virgen
1/4 taza de queso *mozzarella* rayado

LAVE LAS BERENJENAS Y DIVÍDALAS EN MITADES. ÁSELAS SIN PELAR durante 10 minutos a 350° F. Separe del horno y deje enfriar. Ahueque las mitades con un cuchillo afilado con cuidado de no romper la cáscara. Extraiga la pulpa y consérvela a un lado.

Divida el tofú y la cebolla en trozos pequeños. Corte el pimiento en tiras finas. Cocine al vapor el tofú, la cebolla, el pimiento morrón y la machaca durante 10 minutos. Separe del fuego y añada la pulpa de berenjena, la salsa de soya, el germen de trigo, la cúrcuma, el *Trocomare* y el aceite de oliva. Revuelva con cuchara de madera y rellene las canoas.

Cubra cada canoa con queso *mozzarella* y hornee durante 10 minutos a 350° F en horno precalentado.

PECHUGAS DE POLLO Y ESPÁRRAGOS

3/4 taza de machaca
1 cucharada de *Trocomare*
1 cucharada de cúrcuma
1 cucharada de aceite de oliva extra virgen
6 pechugas de pollo (frescas y deshuesadas)
2 tazas de agua destilada
1 1/2 cucharadita de vinagre de manzana natural
2 cucharadas de aceite de oliva extra virgen
1 1/2 cucharada de harina de trigo integral
18 espárragos frescos
1 cubo de condimento natural
1 pimiento amarillo
6 rebanadas de queso *mozzarella*

EL DÍA ANTES DE PREPARAR ESTA RECETA COMBINE EN LA LICUADORA la machaca, el *Trocomare*, la cúrcuma y el aceite de oliva. Bata a velocidad moderada durante 5 minutos hasta unir todos los ingredientes. Lave y aplane las pechugas, adóbelas con la mezcla, envuélvalas por separado en bolsas plásticas y conserve en la nevera hasta el día siguiente.

Combine en la licuadora el agua, el vinagre de manzana, el aceite de oliva y la harina de trigo. Bata a velocidad moderada hasta que los ingredientes se unan bien.

Lave los espárragos y condiméntelos con esta mezcla. Colóquelos en un recipiente de cocinar al vapor, añada el cubo de condimento y cueza durante 15 minutos. Retire del fuego y deje enfriar.

Mientras tanto, lave el pimiento, descarte las semillas y córtelo en tiras. Rellene cada pechuga con tres espárragos y dos tiras de pimientos.

Enrolle cada pechuga con una rebanada de queso. Sujétela con un palillo de madera. Coloque las pechugas en un molde engrasado. Cueza durante 30 minutos a 350° F hasta que estén tiernas y se doren a su gusto.

Sírvalas calientes con salsa de albahaca.

Esta receta es creación de mi hija Awilda Sterling Duprey.

ROLLO DE PAVO

1 1/2 libra de carne molida de pavo
2 huevos
1/4 taza de harina de arroz integral
1/4 taza de machaca
1 cucharadita de *Herbamare*
1 cucharadita de polvo de nuez moscada
1 cucharadita de sal marina
1/4 taza de nueces picadas
1 lámina de papel parafinado

AÑADA LOS HUEVOS ENTEROS, UNO A UNO, A LA CARNE. AGREGUE la harina de arroz. Revuelva con cuchara de madera para que se unan bien. Sazone con la machaca, el *Herbamare*, la nuez moscada y la sal marina. Añada las nueces. Mezcle bien hasta formar una masa uniforme.

Coloque la masa sobre un papel parafinado y forme un rollo. Deje reposar en la nevera durante 30 minutos.

Coloque en un molde y cueza al horno a 350°F durante 30 minutos. Este plato puede prepararse con anterioridad y congelarse crudo. Debe descongelarlo cuando lo vaya a hornear. Como plato principal se sirve acompañado de una ensalada de vegetales crudos. También puede presentarlo en porciones pequeñas junto con entremeses.

La salsa de berenjena es un aderezo magnífico para el rollo de pavo.

POLLO MAYOMBE

Un homenaje a mis ancestros africanos.

1/2 cabeza de un ajo pequeño
1 cucharadita de sal marina
1 cucharadita de orégano fresco
1 pizca de nuez moscada
1 cucharadita de jengibre fresco
1/2 taza de jugo de naranja fresco
1 cucharada de aceite de oliva extra virgen
1 pollo de 3 libras
4 1/2 tazas de vino seco
1 cubo de condimento natural
4 zanahorias frescas
6 papas rojas pequeñas
4 hojas de acelga
1 libra de tomates maduros firmes
1 cebolla mediana
1/4 taza de pasas sin semillas
1 cucharada de melaza
1 pizca pimienta Cayena
6 ramas de albahaca fresca

MONDE LOS AJOS. COMBINE EN UN MORTERO LOS AJOS, LA SAL, EL orégano, la nuez moscada y el jengibre. Machaque hasta unir bien todos los ingredientes. Añada el jugo de naranja y el aceite. Parta el pollo en presas. Empápelo con este adobo. Manténgalo tapado durante tres o cuatro horas. Luego colóquelo en una cacerola, añada el vino y el cubo de condimento natural. Cocine tapado a fuego moderado durante 20 minutos. Destape la cacerola y agregue las zanahorias cortadas en ruedas finas, las papas lavadas sin mondar, las hojas de acelga, los tomates cortados en 4 trozos, la cebolla cortada en ruedas finas, las pasas, la miel y la pimienta. Continúe cocinando, tapado, durante 30 minutos.

Retire del fuego y añada la albahaca. Mantenga tapado hasta el momento de servir.

ROLLOS DE REPOLLO

1 repollo de 2 libras
1 litro de agua destilada
1 taza de arroz integral cocido
1/2 cebolla pequeña
1 pimiento morrón fresco
2 cucharadas de machaca
1 cucharadita de *Herbamare*
1/4 taza de queso *ricotta*
1 cucharadita de *agar-agar*
1 taza de jugo de zanahoria
1 cubo de condimento natural
1 cucharadita de polvo *curry*
3 cucharadas de germen de trigo
1 pizca de azafrán
2 cucharadas de *tahini*

INSERTE UN CUCHILLO AFILADO EN EL CENTRO DE LA PARTE SUPERIOR del repollo y desprenda parte del interior. Ponga a hervir 1 litro de agua. Cuando comience a bullir sumerja boca abajo el repollo. Deje cocinar por 10 minutos. Retire del agua y deje enfriar. Desprenda con cuidado 6 hojas del repollo. Reserve por separado el agua y las hojas para uso futuro.

Divida el repollo en tiras finas (1 taza). Mezcle el arroz, las tiras de repollo, el apio, la cebolla y el pimiento cortado en pedazos pequeños. Añada la machaca, el *Herbamare*, el queso *ricotta* y el *agar-agar* y revuelva todos los ingredientes. Divida la mezcla en 6 partes y rellene las hojas de repollo. Enrolle los extremos y sujételas con palillos de madera. (Puede, si lo desea, liar los rollos con cordón para amarrar pasteles.)

Prepare un caldo vegetal con el agua en que hirvió el repollo. Añada el jugo de zanahoria, el condimento natural, el polvo *curry*, el germen de trigo y el azafrán. Tape la cacerola. Cuando comience a hervir añada uno a uno los rollos. Cocine tapado a fuego moderado por 15 minutos. Añada el *tahini* y mantenga tapado hasta el momento de servir.

ROLLOS DE SALMÓN Y VEGETALES

1/2 taza de zanahorias
1/2 taza de apio «americano»
1/2 taza de nabos
2 cucharadas de machaca
1 cubo de condimento natural
4 tazas de agua destilada
1 1/2 libra de salmón
2 tazas de pan integral
1/4 taza de cebolla
1 cucharada de aceite de oliva extra virgen
1 cucharadita de *Trocomare*
2 huevos enteros
6 hojas de plátano amortiguadas

LAVE Y PARTA LOS VEGETALES EN TROZOS. COMBINE EN UNA OLLA los vegetales, la machaca, el condimento natural y el agua. Cocine tapado a fuego lento durante 15 minutos. Retire del fuego. Pase los vegetales por un colador para escurrirlos, májelos y reserve el caldo.

Añada el salmón al caldo y cocine tapado a fuego moderado durante 10 minutos. Retire del fuego y deje enfriar. Limpie de espinas el salmón y desmenúcelo. Forme una masa con el salmón trozado, los vegetales majados, la cebolla picada, el aceite de oliva y el *Trocomare*. Añada uno a uno los huevos enteros. Continúe amasando hasta que esté bien compacta.

Divida en 6 porciones y forme rollos. Envuelva cada rollo en una hoja de plátano engrasada con la cucharada de aceite adicional. Hornee durante 35 minutos en horno previamente calentado a 350° F.

Muchos puertorriqueños sabemos que la salud depende en gran parte de las comidas que ingerimos. Deseamos vivir más y mejor, por eso preferimos el pescado a la carne roja. Este plato puede variarse al confeccionarlo con el pescado que más le guste, acompañarlo con salsa de berenjena, rellenarlo con vegetales al vapor, quesos o mariscos, o al colocarles huevos hervidos duros en el medio de cada rollo. Puede servirlo con arroz, croquetas, pastas, guisos, sopas o pasteles. Es muy conveniente para un delicioso tentempié. Usted decide.

PASTEL ÁRABE CRIOLLO

1 litro de agua destilada
1 repollo de 2 libras
1 plátano verde
2 libras de apio (tubérculo de color amarillo)
1 taza de leche fresca de coco
2 cucharadas de aceite de achiote
4 cucharadas de machaca
1 cucharadita de sal marina
1 libra de zanahoria fresca
1 tallo de apio «americano» (planta herbácea)
1 pimiento verde
1 cucharada de alcaparras pequeñas
6 aceitunas rellenas
1 cubo de condimento natural
1/2 taza de jugo de tomate natural
1 cucharada de aceite de ajonjolí

INSERTE UN CUCHILLO AFILADO EN EL CENTRO DE LA PARTE SUPERIOR del repollo y desprenda parte del interior. Ponga a hervir 1 litro de agua. Cuando comience a hervir sumerja el repollo de manera que el tallo toque el fondo de la cacerola. Cocine a fuego moderado durante 10 minutos. Separe la olla del fuego, saque el repollo y deje enfriar. Desprenda con cuidado 6 hojas de repollo.

Haga una incisión en forma de cuña en la vena central de cada hoja. Corte un pedazo del repollo en tiras finas. Reserve por separado el agua en que hirvió el repollo, las 6 hojas y 1 taza de repollo picado para uso futuro.

Lave y monde el plátano y el apio. Pártalos en trozos y rállelos. En una cacerola combine la ralladura, la leche de coco, el aceite de achiote, la machaca y la sal marina. Mezcle los ingredientes hasta que la masa tome un color uniforme. Añada sal a gusto. Deje reposar tapada en la nevera durante 1 hora.

Mientras tanto, prepare el relleno de los pasteles. Monde las zanahorias y divídalas en ruedas finas. Corte el apio y el pimiento en trozos pequeños. Combine el repollo picado, la zanahoria, el apio, el pimiento, las alcaparras, las aceitunas, el condimento natural y el jugo de tomate. Cocine a vapor durante 10 minutos. Retire del fuego y añada el aceite de ajonjolí.

Retire la masa del congelador y divídala en 6 porciones. Coloque cada porción en una hoja de repollo. En el centro de cada hoja coloque 2 cucharadas de relleno. Enrolle la hoja, doble los extremos, pinche con palillos o ate suavemente con un cordón de amarrar pasteles.

Ponga a hervir el agua en que cocinó el repollo, añada 1 cubo de condimento natural. Cuando comience a hervir, añada los pasteles uno a uno. Cocine tapados, a fuego moderado, durante 20 minutos.

Sirva los pasteles calientes con salsa de berenjenas o la salsa de su preferencia.

PESCADO ENCEBOLLADO

3 libras de salmón rebanado (o el pescado que Ud. prefiera)
3 cebollas medianas
1/4 taza de machaca
1 cucharada de vinagre de manzana natural
1 1/2 cucharadita de sal marina
1/4 taza de aceite de oliva extra virgen
1 taza de vino seco
3 ramas de cilantrillo fresco

LAVE EL SALMÓN. MONDE LA CEBOLLA Y PARTA EN RUEDAS FINAS. Mezcle la machaca, el vinagre y la sal. Vierta el aceite en una sartén grande o en una cazuela. Coloque las ruedas de pescado. Ponga encima las rebanadas de cebolla y luego cubra todo con la mezcla de machaca, vinagre y sal.

Cueza a fuego lento durante 10 minutos. Agregue el vino y tape. Deje cocer hasta que el pescado esté blando.

Lave el cilantrillo, córtelo bien fino y añada una porción a cada ración servida.

PASTELÓN DE YUCA Y POLLO

Masa
3 libras de yuca
1 1/2 tazas de leche fresca de coco
1/4 taza de machaca
4 cucharadas de aceite de achiote
sal marina a gusto

Relleno
2 pechugas de pollo
2 zanahorias
1 cebolla grande
1 pimiento morrón fresco
1 pimiento verde
1 cubo de condimento natural
2 cucharadas de alcaparras pequeñas
2 cucharadas de avena integral
2 tazas de agua destilada
1/4 taza de nueces picadas
1 cucharadita de polvo *curry*
1 cucharada de aceite de oliva extra virgen
1 cucharadita de *Liquid Aminos*

MONDE LA YUCA, DIVÍDALA EN PEDAZOS Y TRITÚRELA O RÁLLELA. Añada la leche de coco, el aceite y la sal. Amase para lograr un color uniforme. Mantenga tapada hasta el momento de usarse.

Lave la pechuga. En una cacerola combine la pechuga, la cebolla, zanahorias y los pimientos partidos en trozos pequeños, el cubo de condimento natural, las alcaparras, la avena y el agua. Cueza tapado a fuego medio durante 15 minutos. Retire del fuego, destape y saque la pechuga, desmenúcela. Añada al guiso las nueces, el polvo *curry*, el aceite de oliva, el *Liquid Aminos* y la pechuga.

Revuelva todos los ingredientes. Cueza durante 10 minutos. Separe del fuego y mantenga tapado por 5 minutos.

Engrase un molde. Divida la masa en dos porciones. Extienda una porción en el fondo del molde. Coloque el relleno. Esparza con una espátula de madera. Vierta sobre el relleno el resto de la masa. Selle el pastelón con queso *mozzarella* picado. Si prefiere puede usar queso *mozzarella* de soya.

Cueza en el horno durante 45 minutos a 350° F.

PLATOS PRINCIPALES 99

PASTELÓN DE CODITOS Y PAVO

3 litros de agua destilada
1 1/2 cucharadas de sal marina
1 cucharada de aceite de maíz
1/2 libra de coditos

Relleno
1 pechuga deshuesada de pavo de 1 libra
2 tazas de vino seco
1 cebolla
4 cucharadas de machaca
1/4 taza de alcaparrado sin semillas
1/4 taza de salsa de tomate
12 ciruelas sin semillas
2 cucharadas de aceite de oliva extra virgen
1 cucharadita de *Herbamare*

Salsa
1/2 taza de harina de arroz integral
2 tazas de agua destilada
2 cucharadas de semillas de ajonjolí
2 cucharadas de aceite de ajonjolí
2 cucharadas de alga dulce
1 cucharadita de polvo *curry*
3/4 taza de queso *mozzarella* rallado

PONGA A HERVIR EL AGUA. CUANDO COMIENCE A BULLIR AÑADA LA sal, el aceite y los coditos. Mueva suavemente durante 5 minutos para evitar que los coditos se peguen. Cueza a fuego moderado durante 15 minutos. Retire del fuego y escurra los coditos con un colador, añadiéndole agua fría. Resérvelos en un envase.

Lave la pechuga. Combine la pechuga, el vino, la cebolla partida en trozos pequeños, la machaca, el alcaparrado y la salsa de tomate en una olla de cocinar al vapor. Cocine a fuego moderado durante 20 minutos. Destape la olla, saque la pechuga y desmenúcela. Retorne la pechuga a la cacerola y añada las ciruelas, el aceite de oliva y el *Herbamare*. Revuelva todos los ingredientes. Cueza durante 10 minutos. Retire del fuego. Reserve.

Mientras tanto, mezcle todos los ingredientes para la salsa en la licuadora y bátalos a velocidad moderada hasta que se mezclen bien.

Viértalos en un recipiente y cueza por 10 minutos a fuego lento moviendo constantemente para que no se formen grumos. Retire del fuego.

Engrase un molde y coloque los ingredientes del pastelón en el orden siguiente, empezando desde el fondo del molde: la mitad de la salsa, la mitad de los coditos, el relleno, el queso parmesano, los coditos, la salsa y el queso *mozzarella*.

Cueza en horno precalentado durante 30 minutos o hasta que se dore a su gusto.

FILETE DE MERLUZA AL HORNO

1 taza de vermú blanco
1 cucharada de jugo de limón fresco
4 dientes de ajo
1 cucharadita de polvo *curry*
1 cucharadita de orégano
1 1/2 cucharadita de sal marina
1/4 taza de aceite de oliva extra virgen
1 1/2 libra de filetes de merluza
1 cebolla grande
1 pimiento morrón fresco
1 pimiento verde
6 hojas de lechuga romana
2 cucharaditas de *Liquid Aminos*

COMBINE EN LA LICUADORA A VELOCIDAD MODERADA EL VERMÚ, EL jugo de limón, el ajo, el polvo *curry*, el orégano, la sal y el aceite de oliva hasta que formen una emulsión o aderezo.

Lave los filetes, seque con un paño y adóbelos con la mitad del aderezo. Coloque en un molde llano de cristal y deje marinar durante una hora.

Mientras tanto, monde la cebolla y pártala en rebanadas.

Corte los pimientos en lascas finas, descartando las semillas. Añada la cebolla, los pimientos y el resto del aderezo a la merluza. Agregue más vino de ser necesario. Hornee tapado durante 15 minutos a 350°F. Destape y continúe cocinando hasta que los filetes estén dorados a su gusto.

Retire del horno y sirva en hojas de lechuga salpicados con *Liquid Aminos*.

CANELONES CON VEGETALES

Los canelones pueden rellenarse también con la carne, ave o pescado de su predilección.

2 tallos de apio «americano»
2 zanahorias
1 cebolla mediana
1 pimiento morrón fresco
1 1/2 taza de guisantes tiernos
1/4 taza de salsa de tomate
4 cucharadas de machaca
1 cucharada de alcaparras pequeñas
1 cubo de condimento natural
1 cucharada de aceite de oliva extra virgen
1 cucharadita de *agar-agar*
1 paquete de canelones de harina integral
2 litros de agua destilada
1 cucharada de sal marina
1 cucharada de aceite de maíz
1/2 taza de queso parmesano rallado

EN UNA CACEROLA TAPADA CUEZA, A FUEGO MODERADO Y DURANTE 20 minutos, el apio, la zanahoria, la cebolla y el pimiento cortados en trozos pequeños, los guisantes, la salsa de tomate, la machaca, las alcaparras y el condimento natural. Retire del fuego y agregue el aceite de oliva y el *agar-agar*. Mezcle bien y mantenga tapado hasta el momento de usarse.

Hierva 2 litros de agua con la sal marina y el aceite de maíz. Cuando comience a hervir añada los canelones uno a uno. Cocine destapados durante 10 minutos. Enjuáguelos en agua fría, escúrralos y colóquelos por separado para que no se peguen. Retenga a un lado.

Prepare la siguiente salsa:
1 libra de quimbombó tierno
2 cebollas medianas
2 tazas de salsa de tomate
1 cucharada de salsa soya
1/2 taza de agua destilada
3 ramas de albahaca fresca

Lave los quimbombós y pártalos en ruedas finas. También corte la cebolla en rodajas bien delgadas. Añada la salsa de tomate y la salsa soya.

Cocine tapado durante 10 minutos. Separe del fuego y mantenga tapado. Lave la albahaca y córtela bien fina. Añádala a la salsa. Revuelva.

    Rellene los canelones. Ponga en un molde engrasado una camada de canelones y vierta sobre ellos la mitad de la salsa. Espolvoree con el queso parmesano. Repita el procedimiento con los canelones restantes. Cueza al horno durante 20 minutos a 350° F.

PASTEL DE YUCA Y MERLUZA

Para facilitarles el proceso de cocinar pasteles he creído conveniente dividir esta receta en tres partes: el relleno, la masa y el proceso de envolver el pastel.

Relleno
1/4 taza de machaca
1 1/2 taza de jugo de zanahoria
1 cebolla
1 pimiento de cocinar
1/4 taza de alcaparrado sin semillas
1 cubo de condimento natural
2 libras de filetes de merluza
1 cucharada de aceite de oliva extra virgen
1 cucharadita de *Trocomare*
1 cucharadita de *agar-agar*

Masa
3 libras de yuca fresca
2 tazas de leche fresca de coco
1/4 taza de machaca
3/4 taza de aceite de achiote

Materiales para envolver
12 pedazos de hojas de plátano de 11 x 11 pulgadas
12 papeles de envolver pasteles de 12 x 12 pulgadas
12 pedazos de cordón de amarrar pasteles

5 litros de agua
3 1/2 cucharadas de sal marina

COMBINE EN UNA CACEROLA LA MACHACA, EL JUGO DE ZANAHORIA, LA cebolla y el pimiento partido en trozos pequeños, el alcaparrado y el cubo de condimento natural. Cocine tapado a fuego moderado durante 10 minutos.

Lave la merluza y seque con un paño. Destape el recipiente y añada la merluza, el aceite de oliva, el *Trocomare* y el *agar-agar*. Revuelva con cuchara de madera y cocine a fuego bajo por 10 minutos. Retire del fuego y mantenga tapado hasta el momento de usarse.

PLATOS PRINCIPALES 105

Monde y ralle la yuca. Combine la yuca, la leche de coco, la machaca y una tercera parte del aceite de achiote. Mueva bien para que la masa tenga un color uniforme. Añada sal marina a gusto.

Amortigüe las hojas de plátano y engráselas levemente con aceite de achiote. Coloque cada hoja sobre un papel de envolver pasteles. Eche 4 cucharadas de masa sobre la hoja. Extienda la masa hacia los lados de la hoja hasta que la masa esté bien fina para que el pastel quede más sabroso. Eche dos cucharadas de relleno sobre la masa y extienda de un lado a otro. Doble la hoja para que se unan las orillas de la masa. Envuelva, doble los extremos de la hoja hacia abajo y amarre con cuidado de no apretar demasiado, esto le dará espacio a la masa para expandirse cuando se esté cocinando.

Ponga a calentar 5 litros de agua y añada la sal marina. Agregue los pasteles uno a uno cuando el agua esté hirviendo. Déjelos hervir tapados durante 45 minutos. Retírelos del agua tan pronto se hayan cocido.

PASTELÓN DE HARINA DE MAÍZ Y SOYA

Masa
1 1/2 libra de harina de maíz integral
3 tazas de caldo vegetal
1/4 taza de machaca
1/4 taza de aceite de maíz
1 cucharada de sal marina
1 cucharada de melaza

Relleno
1 1/4 taza de soya granulada
3 tazas de agua destilada
3/4 libra de repollo
1 pimiento verde
1/2 taza de guisantes tiernos
2 tazas de jugo de zanahoria
1/4 taza de pasas sin semillas
1 cubo de condimento natural
4 cucharadas de aceite de maní
1 cucharadita de cúrcuma
1 cucharadita de salsa soya
1 cucharada de *agar-agar*

MEZCLE EN UN CALDERO LA HARINA DE MAÍZ, EL CALDO DE vegetales, la machaca, el aceite de maíz, la sal y el azúcar. Cocine a fuego medio moviendo constantemente con cuchara de madera hasta que espese y se vea el fondo de la cacerola. Deje enfriar y reserve.

Caliente tres tazas de agua y cuando esté a punto de ebullición añada la soya, mueva y deje reposar durante 20 minutos.

En el entretanto lave el repollo y el pimiento y corte en lascas. Combine el repollo, el pimiento, los guisantes, el jugo de zanahoria, las pasas y el condimento natural. Cueza tapado a fuego moderado durante 15 minutos. Destape el recipiente, baje la temperatura y añada la soya, el aceite de maní, la cúrcuma, la salsa soya y el *agar-agar*. Revuelva y mantenga tapada durante 10 minutos.

Divida la masa de maíz en dos mitades. Ponga la mitad en un molde ligeramente engrasado, cúbralo con el relleno y ponga encima el resto de la masa. Cueza al horno a 350° F durante unos 40 minutos, más o menos, hasta que se dore a su gusto.

PAVO AL CALDERO

1/4 taza de vinagre de manzana natural
6 dientes de ajo
1 trozo de jengibre de 2 pulgadas
1 1/2 cucharada de sal marina
1 cucharadita de miel de abejas
1 cucharadita de polvo *curry*
1 cucharadita de orégano fresco
3 tazas de jerez seco
2 cebollas medianas
3 tallos de apio «americano»
1 pimiento morrón fresco
1 pimiento amarillo
1 pimiento verde
1/4 taza de dátiles sin semillas y de almendras picadas
3 ramas de albahaca fresca

EL DÍA ANTERIOR DE LA PREPARACIÓN DE ESTA RECETA COMBINE EN la taza de la licuadora el vinagre, los ajos, el jengibre, la sal, la miel de abejas, el polvo *curry* y el orégano. Bata los ingredientes a velocidad moderada hasta formar una emulsión. Lave las pechugas y adóbelas. Colóquelas en un recipiente de cristal y deje marinar toda la noche en la nevera.

Al día siguiente combine las pechugas y el jerez en un caldero. Cueza tapado a fuego moderado durante 25 minutos.

Mientras tanto, pele las cebollas y corte en ruedas finas, lave y corte los tallos de apio en trozos pequeños. Divida los pimientos en anillos. Destape el caldero y añada los vegetales, los dátiles y las almendras. Tape el caldero y cueza a fuego bajo hasta que el pavo esté tierno. Agregue más jerez de ser necesario.

Incorpore la albahaca al momento de servir.

EMPANADILLAS DE YUCA Y BACALAO

La noche anterior de la preparación de esta receta, deje desalando el bacalao en abundante agua. Al día siguiente, descarte el agua, enjuáguelo en agua fresca y manténgalo en remojo hasta el momento de preparar la receta.

Masa
5 libras de yuca fresca
2 1/2 tazas de leche fresca de coco
4 cucharadas de aceite de achiote
2 cucharadas de sal marina
1/2 taza de machaca

Relleno
1 1/2 libra de filete de bacalao
3/4 libra de repollo
1/4 taza de machaca
1/4 taza de alcaparrado sin semillas
1/4 taza de salsa de tomate fresca
2 cucharadas de aceite de oliva extra virgen
1/4 tazas de pasas y nueces picadas
12 hojas de plátano de 12 x 12 pulgadas
1/4 taza de aceite de maíz

MONDE Y RALLE LA YUCA. AÑADA LA LECHE DE COCO, EL ACEITE DE achiote, la sal marina y la machaca. Mezcle los ingredientes hasta que la masa esté uniforme. Pruebe y sazone a gusto.

Lave el bacalao y escúrralo. Descarte el agua. Reserve el bacalao. Lave el repollo y corte en lascas finas. En una cacerola combine el repollo, la machaca, el alcaparrado y la salsa de tomate. Cueza al vapor durante 10 minutos. Destape la cacerola y añada el bacalao, el aceite de oliva, las pasas y las nueces. Revuelva para que se unan todos los sabores. Cueza durante 5 minutos. Retire del fuego y mantenga tapado.

Divida la masa en 12 porciones. Engrase ligeramente una hoja de plátano. Coloque una porción de masa y extienda hacia los lados a lo largo de la hoja sin llegar a los extremos. Ponga una porción de relleno en el centro de la hoja y extienda a lo largo. Cierre la hoja doblando hacia el centro los extremos superior e interior. Cocine durante 45 minutos a fuego moderado en horno previamente calentado a 350°F.

PASTEL DE MASA Y VEGETALES

Para 12 pasteles

Masa
2 plátanos verdes
1 libra de yautía fresca
1 libra de calabaza bien madura
1 1/2 taza de leche o de caldo de vegetales
1/2 taza de machaca
1/4 taza de aceite de achiote
2 cucharadas de sal marina
12 hojas de plátano de 11 x 11 pulgadas
12 láminas de papel de envolver pasteles
12 pedazos de cordón de 24 pulgadas de largo
5 litros de agua destilada
3 cucharadas de sal marina

Relleno
1/4 libra de repollo
3/4 libras de zanahoria
3 tallos de apio «americano»
1/4 taza de quimbombós bien tiernos
1/4 taza de alcaparrado sin semillas
4 cucharadas de pasas sin semilla
1/4 taza de almendras picadas
1/4 taza de machaca
1 cucharadita de miel de abejas
1 cucharada de accite de oliva extra virgen
1 cubo de condimento natural
1 mazo pequeño de cilantrillo

MONDE LOS PLÁTANOS Y LA YAUTÍA. ÉCHELOS EN AGUA CON SAL durante 15 minutos. Lave la calabaza, descarte las semillas y pártala en trozos sin mondarla. Ralle las viandas. Agregue la leche, la machaca, el aceite y la sal. Amase hasta que todos los ingredientes se mezclen y tengan color uniforme. Sazone a gusto. Ponga aparte hasta que el relleno esté listo.

Mientras tanto, lave el repollo y corte en tiras finas. Lave y monde la zanahoria. Corte la zanahoria y el apio en cuadrados pequeños. Corte en ruedas finas el quimbombó. Coloque los vegetales en una olla de cocinar al vapor. Añada el alcaparrado, las pasas, las almendras, la machaca y el cubo de condimento natural. Cueza durante 10 minutos a fuego moderado. Destape la olla y añada la miel y el aceite de oliva. Revuelva con cuchara de madera. Retire del fuego y mantenga tapado durante 5 minutos.

Lave y engrase levemente las hojas con aceite de achiote. Coloque cada una sobre una lámina de papel y agrégueles 4 cucharadas de masa. Extienda la masa hacia los lados hasta que esté fina y échele 2 cucharadas de relleno. Extienda el relleno a lo largo de la masa. Envuelva, doble los extremos hacia abajo y amarre con cuidado de no apretar demasiado para darle espacio a la masa que se expanda cuando se esté cocinando.

Ponga a calentar el agua y añada la sal. Tan pronto empiece a hervir, agregue uno a uno los pasteles. Déjelos hervir tapados durante 45 minutos. Retírelos del agua tan pronto se hayan cocido.

EL PLATO NUESTRO DE CADA DÍA, LA MAYORÍA de las veces servido en maridaje perfecto con las suculentas habichuelas boricuas. El fruto ovalado y blanco del arroz es alimento básico de nuestra gastronomía. Se consume solo, acompañado de carnes y frituras y también guisado con legumbres, carnes o pescados, cuando bien podría considerársele plato principal.

ARROCES

ARROZ INTEGRAL SENCILLO

1 1/2 libras de arroz integral
3 tazas de agua destilada
1 cucharada de sal marina
1 1/2 cucharadas de aceite de oliva extra virgen

ECHE EL ARROZ SIN LAVAR EN UNA CACEROLA. USANDO UNA CUCHARA de madera revuelva constantemente el arroz a fuego alto. Baje el fuego a moderado y añada el agua. Cocine destapado sin mover durante 20 minutos o hasta que el agua se evapore. Tape la cacerola y cueza a fuego lento durante 15 minutos. Separe la cacerola del fuego, añada la sal y el aceite. Revuelva con tenedor y mantenga tapado hasta el momento de servir.

BAQUIMBÓ

1/2 libra de filete de bacalao
1/2 libra de quimbombós tiernos
3 cucharadas de vinagre de manzana natural
1 libra de arroz integral
1 1/2 taza de leche fresca de coco
6 cucharadas de machaca
1 cebolla
1/2 pimiento verde
2 cucharadas de aceite de oliva extra virgen
1 cucharadita de miel de abejas
3 ramitas de cilantrillo fresco

PONGA EL BACALAO EN AGUA PARA REDUCIR UN POCO LA SAL. Pártalo en trozos pequeños y añada agua fresca. Resérvelo hasta el momento de usarse.

Parta los quimbombós en ruedas finas y empápelos en el vinagre de manzana. Monde y divida la cebolla en trozos pequeños. Lave los pimientos y divídalos en lascas finas.

Eche el arroz sin humedecer en una cacerola. Revuelva constantemente con cuchara de madera a fuego alto durante 5 minutos. Baje el fuego a moderado y añada la leche de coco y la machaca. Cocine destapado durante 20 minutos.

Mientras tanto, enjugue el bacalao y los quimbombós con un paño o papel absorbente. Destape la cacerola y añada el bacalao, los quimbombós, la cebolla y los pimientos. Cueza tapado a fuego lento durante 20 minutos. Retire del fuego y añada el aceite y la miel de abejas. Revuelva con un tenedor para que los sabores y los ingredientes se mezclen. Mantenga tapado hasta el momento de servir.

Corone cada servicio con un poco de cilantrillo.

Puede sustituir la leche de coco por caldo de vegetales.

Esta receta es de «Darling», Víctor Sterling, mi marido.

ARROZ INTEGRAL CON MAÍZ Y QUESO

5 tazas de agua destilada
1 1/2 libras de arroz integral
1/4 libra de mantequilla Canola
2 tazas de maíz tierno
1 taza de queso del país picado en cubitos
1 cucharadita de *Liquid Aminos*
1 cubo de condimento natural
2 ramas de perejil

COLOQUE EL ARROZ EN UNA CACEROLA Y MUEVA A FUEGO MEDIO hasta que esté ligeramente tostado. Añada el agua y cueza hasta que esté semiblando. Retire del fuego y viértalo en un molde de hornear. Añada la mantequilla, el maíz, el queso del país y el cubo de condimento natural. Hornee tapado hasta que el arroz esté esponjoso. Retire del horno y añada el *Liquid Aminos* y un picadillo de perejil fresco a su gusto.

Puede sustituir el queso del país por tofú si así lo desea.

ARROZ INTEGRAL CON HABICHUELAS ROSADAS

1/2 libra de habichuelas rosadas
1 1/2 libras de arroz integral
5 tazas de agua destilada
1 pimiento de cocinar
1 cebolla pequeña
2 cucharadas de aceite de achiote
4 cucharadas de salsa de tomate fresca
1/4 taza de machaca
1 cubo de condimento natural
1 cucharadita de polvo *curry*
1 cucharadita de *Herbamare*
1 cucharada de aceite de oliva extra virgen
3 ramas de cilantrillo fresco

LA NOCHE ANTES DE PREPARAR LA RECETA, COLOQUE LAS habichuelas en un colador, descarte los granos dañados, lave las habichuelas y remójelas en abundante agua hasta el día siguiente.

Al otro día, descarte el agua del remojo. Cocine las habichuelas en agua fresca, tapadas y a fuego moderado durante 20 minutos. Retire del fuego, deje reposar durante 1 hora. Repóngalas al fuego medio y cueza hasta que estén blandas.

Escurra las habichuelas y reserve 5 tazas del líquido para uso futuro, descartando el resto. Reserve los granos.

Coloque el arroz sin humedecer en una cacerola a fuego alto. Muévalo constantemente con cuchara de madera durante 10 minutos. Añada las 5 tazas del agua que reservó previamente. Cueza tapado hasta que se evapore todo el líquido. Destape la cacerola y añada las habichuelas, el pimiento y la cebolla cortados en trozos pequeños, el aceite de achiote, la salsa de tomate, la machaca y el cubo de condimento. No mueva el arroz, tápelo y déjelo cocinar a fuego lento durante 20 minutos o hasta que esté totalmente cocido. Retire del fuego. Destápelo y añada el *curry*, el *Herbamare*, el aceite de oliva y el cilantro fresco. Revuelva con tenedor y tápelo durante 10 minutos antes de servir.

Esta receta puede emplearse para preparar arroces con diferentes granos. Además, puede combinar diferentes legumbres de su predilección y cocinar un arroz napolitano. Anímese. Cree su propia receta.

ARROZ INTEGRAL CON CALABAZA

1 1/2 libras de arroz integral
5 tazas de agua destilada
1 libra de calabaza bien madura
1 cebolla
1 pimiento morrón fresco
1/4 taza de machaca
1 pizca de azafrán
2 tallos de cebollinos
1/2 taza de guisantes tiernos
1 cucharada de aceite de oliva extra virgen

TUESTE EN UNA CACEROLA EL ARROZ SIN HUMEDECER, MOVIÉNDOLO constantemente con cuchara de madera durante 10 minutos. Añádale el agua y cuézalo destapado durante 20 minutos.

Mientras tanto, lave la calabaza, descarte las semillas y sin mondarla divídala en dados de 1 pulgada. Monde la cebolla y córtela en rebanadas finas. Corte el pimiento en tiras.

Añada las hortalizas, la machaca, el condimento y el azafrán al arroz. Tape la cacerola y cueza a fuego lento durante 10 minutos. Separe del fuego y añada los cebollinos cortados en picadillo, los guisantes tiernos y el aceite de oliva, revuelva con un tenedor para mezclar ingredientes y sabores. Baje el fuego y cueza tapado durante 5 minutos adicionales.

ARROZ DOMINGUERO

1 gallina del país de dos libras
1 1/2 libra de arroz integral
5 tazas de caldo de gallina del país
1 cebolla mediana
1/4 taza de salsa de tomate
1 cubo de condimento natural
1/4 de taza de alcaparras y aceitunas rellenas
2 cucharadas de aceite de achiote
1 cucharadita de *Liquid Aminos*
2 ramas de cilantrillo
1/2 taza de guisantes tiernos
3 pimientos morrones frescos
1 cucharada de aceite de oliva extra virgen

EL DÍA ANTES DE COCINAR ESTA RECETA, PREPARE UN ADOBO mezclando 1/4 taza de machaca, 1 cucharada de aceite de oliva, 2 cucharadas de vinagre de manzana y 1 cucharada de sal marina. Parta la gallina en presas y adóbelas. Colóquelas en un recipiente de cristal o de acero inoxidable y manténgalas tapadas en el sitio más fresco de la nevera.

Al día siguiente, cueza las presas en 7 tazas de agua destilada a fuego moderado, en recipiente tapado, hasta que estén tiernas. Retire del fuego. Saque las presas y conserve 5 tazas de caldo para usarse más adelante.

Eche el arroz sin humedecer en un caldero. Tuéstelo a fuego alto moviéndolo constantemente con cuchara de madera. Baje el fuego a moderado y añada el caldo de gallina. Cueza durante 20 minutos. Destape el caldero y añada las presas de gallina, la cebolla cortada en pedazos pequeños, la salsa de tomate, el condimento natural, las alcaparras y aceitunas y el aceite de achiote y cueza tapado a fuego lento durante 10 minutos. Destape el caldero y añada el *Liquid Aminos*, el cilantrillo y el aceite de oliva. Cueza por 5 minutos adicionales. Retire del fuego, revuelva y mantenga tapado.

Sirva adornado con pimientos morrones y guisantes.

Cuando era niña, en mi amado barrio Santana de Arecibo, no teníamos la abundancia de hoy. Comer carne era un lujo. Mis seis hermanos y yo, que vivíamos junto a nuestros padres en la finca de mi abuelo paterno, esperábamos sin fallar la llegada del domingo, día en que el viejo nos Arroz regalaba una de las gallinas que él criaba. Todos disfrutábamos con devoción el suculento menú que nos preparaba Naná, nuestra extraordinaria madre y cocinera: arroz con gallina y habichuelas coloradas guisadas con amarillos.

Aún permanece en mi memoria el sabor de aquel campo.

MARISCADA

1 libra de pulpo fresco
6 tazas de agua destilada
1 1/2 tazas de arroz integral
1 cebolla
4 dientes de ajo
1 cucharadita de orégano fresco
2 ramas de cilantrillo fresco
1 cubo de condimento natural
1 1/2 libra de merluza
1 1/2 libra de mero fresco
2 tomates rojos maduros y firmes
1 pimiento morrón fresco
1 pimiento verde
3 ramas de perejil
1/4 de taza de machaca
2 cucharadas de aceite de achiote
2 cucharadas de aceite de oliva extra virgen
1 cucharadita de salsa soya

Lave el pulpo y corte en rodajas. Cuézalo en agua con sal junto a la cebolla, el ajo, el orégano, el cilantrillo y el condimento. Tápelo y cueza a fuego medio durante 15 minutos. Remueva el pulpo de la cacerola y conserve aparte.

Añada la merluza y el mero. Cuézalos durante 10 minutos. Retire del fuego, cuele y retenga 3 tazas del caldo. Limpie los pescados de espinas. Una el pulpo y los pescados y reserve aparte.

Tueste el arroz a fuego alto moviéndolo constantemente con una cuchara de madera durante 5 minutos. Retire del fuego y añade el caldo. Cueza sin tapar durante 20 minutos, baje el fuego a lento y añada el marisco, los pescados, los tomates y los pimientos cortados en lascas gruesas, el perejil, la machaca y el aceite de achiote. Vuelva a tapar la cacerola y déjelo a fuego lento durante otros 10 minutos.

Separe del fuego y añada el aceite de oliva y la salsa soya.

Revuelva hasta que los ingredientes y los sabores se mezclen. Mantenga tapado hasta el momento de servirlo.

ARROZ APASTELADO

1/2 libra de gandules frescos
6 tazas de agua destilada
1 cubo de condimento natural
1 cebolla pequeña
1 cucharadita de orégano
4 ajíes dulces
1 1/2 libra de arroz integral
1/4 taza de machaca
1 plátano verde
1/4 libra de mantequilla Canola
1/4 taza de pasas sin semillas
1/4 taza de almendras picadas
1 cucharada de *Herbamare*
1 cucharadita de azafrán
1 hoja de plátano

LAVE LOS GANDULES. COMBINE LOS GANDULES, EL CONDIMENTO, LA cebolla, el orégano y los ajíes dulces en agua y cueza tapado a fuego moderado durante 20 minutos. Escurra, reserve aparte los gandules y en otro recipiente 5 tazas de caldo.

En una cacerola mezcle los gandules con el caldo, el arroz y la machaca. Cueza a fuego moderado durante 15 minutos.

Monde y ralle el plátano. En un molde de hornear combine el arroz con gandules, la mantequilla, las pasas, las almendras, el *Herbamare*, el azafrán y la ralladura de plátano. Revuelva suavemente con un tenedor. Cubra toda la superficie con la hoja de plátano. Haga un poco de presión para que selle bien.

Cueza a 350° F durante 25 minutos.

Retire del horno y sirva caliente.

ARROZ CAJUMBA

Este plato lleva el nombre de mi tía Aleja, a la que le decían "Cajumba" porque no se vestía como los demás y llevaba adornos de flores en la cabeza. Yo heredé bastante de sus peculiaridades. ¡Y me fascinan!

1 1/2 libras de filete de bacalao
1 1/2 libras de frijoles (de carita o «black-eyed peas»)
1 1/2 libras de arroz integral
4 tazas de agua destilada
2 tazas de leche fresca de coco
1/4 taza de salsa de tomate
1/4 taza de machaca
3 cucharadas de aceite de achiote

La noche anterior a preparar este plato, remoje el bacalao en suficiente agua. Al día siguiente, descarte el agua, límpielo de espinas y manténgalo en agua fresca hasta el momento de usarse.

Escoja y lave los frijoles. Remójelos durante 1 hora. Descárteles el agua y cuézalos en agua destilada, tapados, a fuego medio hasta que estén tiernos. Cuélelos, separe 1 taza de caldo y conserve el caldo y los frijoles por separado. Si cree necesario guarde el resto del caldo para preparar una futura receta.

Tueste el arroz sin humedecer, moviéndolo constantemente con una cuchara de madera a fuego alto durante 5 minutos. Baje el fuego a moderado, mezcle la leche de coco y la taza de caldo y añada al arroz. Cueza destapado durante 20 minutos.

Descarte el agua al bacalao. Enjúguelo y corte en trozos. Añada al arroz el bacalao, los frijoles, la salsa de tomate y el aceite. Cueza tapado sin mover a fuego lento durante 15 minutos. Retire del fuego. Remueva con un tenedor y mantenga tapado hasta el momento de servir.

Prepare un picadillo con 1 pimiento verde, 1 pimiento morrón fresco, 1 pimiento amarillo y 2 tallos de cebollinos. Mezcle 2 cucharadas de aceite de oliva extra virgen, 2 cucharadas de vinagre de manzana natural, 1 pizca de *curry* y 1 cucharadita de miel de abejas. Licúe y mezcle la emulsión con los vegetales. Vierta una porción sobre cada servicio del arroz.

ARROZ INTEGRAL A LA JARDINERA CON SARDINAS

1 1/2 libra de filetes de sardinas
1 cebolla
1 pimiento de cocinar
4 dientes de ajo
1 cucharadita de orégano fresco
1 cubo de condimento natural
1 1/2 libra de arroz integral
5 tazas de agua destilada
1/4 taza de habichuelas tiernas
1/2 libra de calabaza bien madura
2 zanahorias
1/4 taza de repollo lila
1/4 taza de machaca
1/4 taza de alcaparras y aceitunas rellenas
3 cucharadas de aceite de achiote
1 cucharada de salsa soya
1 cucharada de aceite de oliva extra virgen
1/4 taza de guisantes tiernos
1 pimiento morrón fresco
1 pimiento amarillo

CUEZA LOS FILETES DE SARDINAS A FUEGO MODERADO Y TAPADOS durante 10 minutos en agua con sal junto con la cebolla y el pimiento de cocinar cortado en trozos, los ajos, el orégano y el condimento natural. Retire del fuego, cuele y retenga 3 tazas de caldo. El caldo restante puede congelarse en nevera y emplearse en salsas de mariscos. Conserve los filetes en un recipiente hasta el momento de usarse.

Tueste el arroz moviéndolo continuamente a fuego alto durante 5 minutos con una cuchara de madera. Baje el fuego, añada el agua destilada y cueza destapado durante 20 minutos.

Mientras tanto, lave los vegetales. Corte las habichuelas tiernas y la calabaza sin mondar en pedazos pequeños, descartándole sus semillas. Corte las zanahorias en rodajas finas y corte el repollo en lascas.

Destape la olla y añada los vegetales, la machaca, las alcaparras y aceitunas y el aceite de achiote y los filetes. Cueza tapado durante 10 minutos a fuego lento. Retire del fuego y añada la salsa de soya y el aceite de oliva. Revuelva bien, pruebe y sazone a su gusto. Mantenga tapado hasta el momento de servir.

Sirva cada plato con un combinado de picadillo del pimiento morrón, el amarillo y los guisantes aliñados con salsa de anchoas.

ARROZ CON COCO

1 1/2 libra de arroz integral
3 tazas de leche fresca de coco
1/4 taza de machaca
1 1/2 cucharaditas de sal marina

Tueste el arroz sin humedecer, moviéndolo constantemente con una cuchara de madera a fuego alto durante 5 minutos. Añada la leche de coco y la machaca. Cueza destapado a fuego medio durante 20 minutos. Tape la cacerola y continúe cocinándolo durante 10 minutos. Retire del fuego, añada la sal y revuelva con un tenedor. Mantenga tapado hasta el momento de servir.

ARROZ CON CALAMARES

1 1/2 libras de calamares
6 tazas de agua destilada
6 dientes de ajo
1 cebolla pequeña
3 hojas de recao o cilantro del monte
2 ramas de cilantrillo
1 pizca de orégano
1 cubo de condimento natural
1 1/2 libras de arroz integral
1 pimiento de cocinar
2 tallos de cebollinos
2 tallos de apio «americano»
1/4 taza de salsa de tomate fresca
2 cucharadas de alcaparras
1/4 taza de machaca
1/2 taza de vino seco
2 cucharadas de aceite de oliva extra virgen
1 cucharadita de *Liquid Aminos*

LIMPIE LOS CALAMARES Y CÓRTELOS EN RODAJAS. CUEZA LOS calamares en una cacerola con agua, el ajo, la cebolla, el recao, el cilantrillo, el orégano y el condimento natural durante 15 minutos, tapados y a fuego moderado. Cuele el caldo, reserve 5 tazas y mantenga los calamares en una vasija aparte.

Tueste el arroz a fuego alto moviendo constantemente con una cuchara de madera durante 5 minutos. Baje el fuego a moderado, añada el caldo y cueza destapado y sin mover durante 20 minutos.

Mientras tanto, corte el pimiento de cocinar, los cebollinos y el apio en trozos pequeños. Destape la cacerola y añada los vegetales, la salsa de tomate, las alcaparras, la machaca y el vino seco. Cueza tapado durante 15 minutos a fuego lento. Retire la cacerola del fuego y añada el aceite de oliva y el *Liquid Aminos*. Revuelva dos o tres veces con tenedor hasta que se mezclen los ingredientes y los sabores, mantenga tapado. Antes de servir, agregue los calamares.

Este plato puede decorarse con zanahoria rallada bien fina aliñada con salsa de soya y aceite de ajonjolí. ¡Regia!

LAS SALSAS AÑADEN UN TOQUE ESPECIAL AL plato más sencillo. Su función principal es enaltecer el sabor y el valor nutritivo del plato. Deben confeccionarse con ingredientes que estén en armonía con el mismo. Proveen una oportunidad única para que usted cree sus propias salsas usando su creatividad al máximo.

Intercambie sus recetas con amigos y conocidos, es una de las muchas opciones para hacer de su cocina un eterno festín.

SALSAS

SALSA DE TOMATE DULCE

3 libras de tomates bien maduros
1/2 libra de cebolla
6 dientes de ajo
3 ramitas de perejil
2 cubitos de condimento natural
1 cucharadita de azúcar morena o miel de abejas
1 pizca de pimienta de Cayena (opcional)
1/4 taza de aceite de oliva extra virgen
4 cucharadas de machaca

PARA UN SABOR DIFERENTE, AÑADA MAYOR CANTIDAD DE AZÚCAR morena o miel, según prefiera, un puñadito de clavos de especia y una pizca de canela.

Pele los ajos. Lave y pele la cebolla. Pártala en pedazos. Lave los tomates y pártalos. En una cacerola coloque los tomates, las cebollas, los ajos, el perejil, el azúcar o la miel, la pimienta de Cayena, los cubos de condimento y la machaca. Cocine estos ingredientes tapados, a fuego lento, hasta que estén tiernos. Retírelos del fuego y déjelos enfriar. Mézclelos en la licuadora. Añádales el aceite y siga batiéndolos hasta que formen una mezcla homogénea. Envase la mezcla en un recipiente de cristal limpio y seco. También puede envasar la mezcla en recipientes de porciones individuales.

SALSA DE TOMATE MADURO

1 1/2 libra de tomates bien maduros
1/2 libra de cebolla
3 dientes de ajo
2 ramas de albahaca fresca
1 cucharadita de orégano fresco
1 cucharadita de miel de abejas
1 cucharadita de sal marina
cilantrillo a su gusto

LAVE LOS TOMATES Y PÁRTALOS EN MITADES. MONDE Y CORTE LA cebolla en cubos de 2 pulgadas. Pele los ajos y pártalos en mitades. Lave el cilantrillo y la albahaca. Separe las hojas de los tallos. Cocine estos ingredientes al vapor durante 20 minutos. Retire la cacerola del fuego y deje enfriar los ingredientes. Mézclelos en una licuadora. Échelos en una cacerola y cocínelos destapados a fuego moderado hasta que se espesen. Retire la cacerola del fuego. Añada la miel, la sal marina y el aceite. Bátalos en la licuadora de nuevo durante 5 minutos.

SALSA DE TOMATE VERDE

1 libra de tomates verdes
2 tallos de cebollinos
1/4 libra de pimientos verdes
2 dientes de ajo
1 rama de cilantrillo
1 cucharadita de sal marina
1/2 taza de agua destilada
1 cucharada de miel de abejas
1 cucharada de aceite de oliva extra virgen

LAVE LOS TOMATES Y DIVÍDALOS EN REBANADAS DE 2 PULGADAS DE grosor. Lave los tallos de los cebollinos y pártalos en secciones de 3 pulgadas de ancho. Monde los ajos y divídalos en mitades. Lave y divida el cilantrillo en cuatro secciones. Combine estos ingredientes junto al agua en una cacerola y cocínelos destapados durante 15 minutos. Retire la cacerola del fuego y deje enfriar los ingredientes destapados. Añada la miel y el aceite de oliva. Bátalos en la licuadora hasta formar una salsa.

SALSA DE TOMATE Y QUESO

2 tomates grandes y maduros
1 cebolla pequeña
2 dientes de ajo grande
1/2 cucharadita de sal marina
1/2 taza de queso crema
1/4 taza de aceite de oliva extra virgen
1 rama pequeña de romero
1 cucharadita de miel de abejas

Lave los tomates y pártalos en trozos. Lave la cebolla y córtela en pedazos. Coloque estos ingredientes en la licuadora junto al ajo y la sal marina. Bátalos a velocidad moderada hasta obtener una mezcla suave. Cocínelos tapados a fuego lento durante 30 minutos. Retírelos del fuego y déjelos enfriar. Añada el queso crema, el aceite de oliva, el romero y la miel.

SALSA MAYONESA

1 yema de huevo
1 cucharadita de miel de abejas
1 cucharadita de sal marina
1 cucharada de vinagre de manzana natural
1 pizca de pimienta de Cayena
    3/4 taza de aceite de oliva extra virgen

BATA EN LA LICUADORA, A VELOCIDAD MODERADA, LA YEMA, LA miel, la sal, el vinagre y la pimienta. Por el borde de la taza de la licuadora vaya vertiendo, poco a poco, el aceite de oliva hasta formar una emulsión. Envase la mayonesa en un frasco de cristal y consérvela en la nevera.

GUACAMOLE

1 aguacate bastante maduro de 1 libra
1 libra de tomates maduros y firmes
1/4 libra de cebolla
1 diente de ajo
1 cucharadita de vinagre de manzana natural
1/2 cucharadita de sal
1 cucharadita de miel de abejas
1 rama de cilantrillo fresco

LAVE EL TOMATE Y LA CEBOLLA Y PÁRTALOS EN CUBOS DE 1/4 DE pulgada. Parta el ajo y tritúrelo. Vierta estos ingredientes en un tazón de cristal. Lave y monde el aguacate. Pártalo en mitades y descarte la semilla. Maje bien el aguacate y añádale el tomate, la cebolla, el ajo, la sal y la miel. Mezcle bien. Lave la rama de cilantrillo, hágala picadillo y añádala al servir el guacamole.

SALSA DE ALBAHACA

Nuestros antepasados empleaban esta yerba olorosa para tratar la tos, el catarro, las indigestiones, los dolores de cabeza y los trastornos nerviosos. En el sur de España se usa la albahaca para repeler las moscas y los mosquitos. (Para ayudar a conservar la capa de ozono, se me ocurre sembrar la albahaca en tiestos.) En Asia y Europa se emplea tradicionalmente para dar sabor a las comidas.

Esta receta los invita a usar la albahaca para realzar el gusto de las sopas y carnes.

1/2 taza de hojas de albahaca fresca
4 dientes de ajo
1 taza de queso parmesano rallado
1/4 taza de nueces picadas
1/4 taza de aceite de oliva extra virgen
2 tazas de caldo de vegetales
1/2 cucharadita de sal marina

LAVE LAS HOJAS DE ALBAHACA. MONDE LOS AJOS. PASE POR LA licuadora la albahaca, el ajo, el queso parmesano, las nueces y el aceite de oliva hasta formar una mezcla uniforme. Combine dicha emulsión con el caldo de vegetales y la sal marina. Luego, cocine la mezcla en una sartén a fuego lento, revolviéndola constantemente hasta que comience a bullir. Retírela del fuego, déjela enfriar y envásela en un frasco de cristal limpio y seco. Conserve la salsa en la nevera.

SALSA DE ZANAHORIAS

1 3/4 libra de zanahorias
1 taza de agua destilada
1 pedazo de jengibre de 1/2 pulgada de largo
1/8 cucharadita de sal marina
1/2 taza de miel de abejas

Lave las zanahorias y pártalas en ruedas de 1/2 pulgada de grosor. Lave el jengibre y macérelo levemente. Combine en una cacerola las zanahorias, el agua, el jengibre y la sal. Cocínelos tapados a fuego moderado durante 15 minutos. Retire la cacerola del fuego y deje enfriar los ingredientes. Combine las zanahorias en la licuadora junto a porciones del líquido en que se cocinó. Agregue más líquido si prefiere la salsa menos espesa. Añada la miel. Bata la mezcla a velocidad moderada hasta uniformarla.

SALSA DE BERENJENA

1 1/2 libra de berenjenas tiernas
1 taza de caldo vegetal
1 cebolla pequeña
2 dientes de ajo
1 cucharadita de romero fresco
1 cucharada de salsa de soya
1 cucharadita de polvo *curry*
1 pizca de pimienta de Cayena
2 cucharadas de aceite de oliva extra virgen

LAVE LAS BERENJENAS Y DIVÍDALAS SIN MONDAR EN PEDAZOS. Manténgalas en agua con sal durante 15 minutos. Cuela y enjuáguelas. Descarte el agua.

Pele la cebolla y corte en mitades. Pele los ajos. Combine en la licuadora las berenjenas, el caldo de vegetales, la cebolla, el ajo y el resto de los ingredientes de la receta. Licúe a velocidad moderada hasta que todos los ingredientes se unan.

Cueza tapado a fuego bajo durante 10 minutos. Deje enfriar y envase en un tarro de cristal limpio y seco. Cierre bien y mantenga en la nevera hasta el momento de usarse.

Esta salsa se usa para acompañar albóndigas, el rollo de pescado y frituras como alcapurrias y almojábanas. Va muy bien con el mofongo y los tostones.

SALSA DE JENGIBRE

3 cucharadas de mantequilla Canola
2 dientes de ajo
1 cucharadita de cúrcuma en polvo
1 cucharadita de polvo *curry*
1 pedazo de jengibre de 3 pulgadas
2 cucharadas de harina de trigo integral
1 taza de caldo de vegetales
1/2 cucharadita de sal marina
1 cucharadita de miel de abejas
1 taza de yogur

PELE Y MACHAQUE LEVEMENTE LOS AJOS. LAVE Y PIQUE FINO EL pedazo de jengibre y machaque levemente.

Caliente a fuego bajo en una sartén la mantequilla, los ajos, la cúrcuma, el *curry* y el jengibre. Mueva suave y continuamente con cuchara de madera mientras añade poco a poco la harina. Añada poco a poco el caldo, la sal y la miel. Continúe moviendo hasta obtener una masa consistente. Retire del fuego y deje enfriar.

Agregue yogur y mezcle todos los ingredientes hasta que la salsa esté homogénea. Envase en un tarro de cristal, cierre bien y manténgala en nevera.

SALSA DE CILANTRILLO FRESCO

1 mazo de cilantrillo fresco
2 hojas de malagueta fresca
3 ramas de albahaca fresca
2 dientes de ajo
2 cucharadas de vinagre de manzana natural
1 cucharadita de miel de abejas
1 cucharadita de *Herbamare*
1 pizca de pimienta de Cayena
1/4 taza de aceite de oliva extra virgen

LAVE LAS HIERBAS Y PÍQUELAS FINAS. MONDE LOS AJOS Y DIVIDA EN mitades.

Mezcle todos los ingredientes en la licuadora, enváselos y guárdelos en la nevera.

SALSA DE MANÍ

1 taza de maní fresco
1 taza de yogur
2 hojas de malagueta fresca
1 cucharadita de miel de abejas
1 cucharadita de sal marina
1 cucharada de vinagre de manzana natural

SI LOS MANISES TIENEN SU CÁSCARA, ELIMINÍSELAS.
Tueste el maní en un caldero moviéndolo constantemente con cuchara de madera, a fuego alto, hasta que comience a dorarse.

Combine el maní y todos los demás ingredientes en la licuadora.

Envase en tarro de cristal y consérvelo bien cerrado en su nevera.

SALSA DE PEREJIL

1 taza de yogur natural
3 cucharadas de aceite de oliva extra virgen
1/2 cucharadita de sal marina
1 cucharadita de miel de abejas
1 pizca de pimienta de Cayena
1/4 taza de perejil picado

COMBINE TODOS LOS INGREDIENTES EN LA LICUADORA. BÁTALOS A velocidad moderada hasta que espesen.

YANIKLÉE

3 dientes de ajo
3 ramas de albahaca fresca
3 ramas de cilantrillo fresco
2 hojas de malagueta fresca
1 rama de orégano fresco
1/4 taza jugo de tamarindo
1 cucharada de jengibre rallado
1 cucharadita de azúcar *Turbinado* o azúcar morena
1 pizca de sal marina
1/4 taza de aceite de oliva extra virgen

PELE LOS AJOS. LAVE LAS HIERBAS, LAS HOJAS Y EL RIZOMA. Combine todos los ingredientes en la licuadora hasta que espesen. Envase bien tapado y mantenga en nevera.

EL COCO

LA PALMA DE COCO ES UNA DE LAS GRANDES BENDICIONES QUE NOS ha dado la naturaleza. Tomando la palma de coco como materia prima los países caribeños han organizado una industria. Utilizando todos los derivados de la palma, construyen techos para sus viviendas, los artesanos hacen sombreros, joyas, tapetes, cosméticos, carteras, utensilios de cocina y otra infinidad de artesanías que sostiene gran parte de su economía. Han diseñado un recetario que define significativamente la gastronomía caribeña. Esto constituye para mí un tributo a nuestra raíz africana.

Mucho se ha comentado sobre los efectos nocivos del coco en nuestra salud por su contenido en grasas saturadas. Usado con moderación nos ofrece una alternativa para enriquecer y variar nuestro menú.

Si alguna vez tiene la oportunidad de compartir en el Festival de Platos Típicos de Luquillo, podrá saborear una muestra de la sabrosa cocina de la parte noreste de Puerto Rico donde se asentaron los esclavos africanos.

COQUIMIEL

1 taza de coco fresco rallado
1 taza de miel de abejas
1 taza de yogur
2 cucharadas de mantequilla de ajonjolí
1 pizca de sal marina

RALLE EL COCO EN HILACHAS. EXTIÉNDALO EN UNA LÁMINA DE hornear. En horno precalentado a 350°F voltéelo de vez en cuando hasta que se tueste uniformemente.

    Mientras tanto, combine en la licuadora la miel, el yogur, la mantequilla y la sal. Mueva lentamente hasta que se forme una emulsión.

    Viértalo en un recipiente y combínelo con las hilachas de coco. Revuelva con un tenedor y ya, ¡bienvenido el coquimiel a su mesa!

PARA AUMENTAR LA CREATIVIDAD, AGREGAR
nuevos sabores y por aquello de la variedad visual,
nada mejor que los «acompañantes».

PLATOS PARA ACOMPAÑAR

TOMATES RELLENOS

6 tomates maduros y firmes
3 cucharadas de jugo de limón fresco
1 cucharadita de sal marina
2 pepinillos
2 tallos de cebollinos
1/4 taza de guisantes tiernos
1 cucharadita de *Liquid Aminos*
1 aguacate bien maduro
1/2 taza de mayonesa
1 taza de germinados de girasol
6 hojas de lechuga romana

LAVE LOS TOMATES Y CÓRTELES UNA 1/4 DE LA PARTE SUPERIOR. Reserve. Con un cuchillo afilado, sáqueles la mayor parte de la pulpa y las semillas. Reserve la pulpa. Bañe el interior de los tomates con una mezcla de jugo de limón y sal marina.

Lave los vegetales y córtelos bien finos. Combine todos los vegetales en un tazón y añada el *Liquid Aminos*. Monde el aguacate, descarte la semilla y májelo con un tenedor. Mézclelo con la mayonesa. Añada la mezcla a los vegetales y revuelva hasta que todo esté uniforme.

Rellene los tomates. Presione el relleno y colóqueles la tapa.

Sírvalos dentro de un nido de germinados de girasol sobre hojas de lechuga romana.

El tomate está considerado una fruta jugosa, útil y muy versátil. Combina muy bien con otros alimentos preferidos en nuestro menú diario como la berenjena, el pimiento, el quimbombó, el plátano, el aguacate y las chinas.

El tomate, complemento básico de la ensalada que más se consume en nuestra mesa, forma parte de un grupo de vegetales que se recomienda para bajar de peso, tales como: la zanahoria, el pepinillo, la remolacha, el ajo y la cebolla.

RELLENOS DE PLÁTANO MADURO

3 plátanos maduros y firmes
2 cucharadas de mantequilla Canola
12 onzas de tofú
1/4 taza de nueces picadas
1 diente de ajo
1 cucharadita de *Trocomare*
1 pizca de pimienta Cayena
1 pizca de azafrán
1/4 taza de mayonesa

CUEZA AL VAPOR LOS PLÁTANOS HASTA QUE ESTÉN BIEN BLANDOS. Antes de que se enfríen, móndelos y májelos añadiendo la mantequilla hasta formar una masa suave.

Maje el tofú con un tenedor. Pique las nueces y el ajo bien fino. Combine el tofú, las nueces, el ajo, el *Trocomare*, la pimienta, el azafrán y la mayonesa. Remueva con cuchara de madera hasta que el relleno tenga consistencia.

Divida la masa en 6 porciones. Con sus manos haga un espacio en el centro de cada porción, dándole forma alargada o redonda. Cubra cada uno con el relleno en el centro.

Engrase levemente una lámina de hornear. Coloque los rellenos y hornéelos a 375°F en horno precalentado hasta que estén ligeramente dorados.

Esta receta provee la oportunidad de seleccionar el relleno de su preferencia. También le da la libertad para crear un relleno con los sobrantes de vegetales o carnes que haya empleado en otro menú.

El relleno representa uno de esos platos que forman nuestra comida auténtica.

PLÁTANOS MADUROS ASADOS

6 plátanos maduros y firmes

EN HORNO PRECALENTADO A 350°F CUEZA LOS PLÁTANOS CON SU cáscara. Voltéelos de vez en cuando hasta que revienten.

Puede asar los plátanos mondados, envueltos en papel encerado barnizado con mantequilla.

Sírvalos sin cáscara con mantequilla, o con salsa de maní o la de su preferencia. Resultan acompañantes sabrosos para las pastas.

EL AGUACATE

EL AGUACATE ES UN FRUTO QUE HA SIDO CULTIVADO EN AMÉRICA Central desde la época precolombina. Actualmente se cosecha y se consume en casi todo el mundo.

Se considera un fruto óptimo. Contiene proteína, lecitina no saturada que actúa como disolvente de grasa, promoviendo así la reducción de los niveles de colesterol. La medicina popular desde años ancestrales le reconoce propiedades medicinales a las hojas, a la cáscara y a las semillas del aguacate.

Por tanto, considero que cuando se trata de alimentación saludable, el aguacate no debe faltar en nuestra mesa. Es simplemente maravilloso. Le imparte variedad al menú. Puede confeccionarse en ensaladas, picadillos, salsas, rellenos y bebidas.

En el campo de la cosmetología se emplea como hidratante para proteger la piel y en la preparación de cremas nutritivas por su alto contenido vitamínico.

Le recomiendo que cuando los aguacates que usted tenga en su cocina sobrepasen su punto de maduración piense más de dos veces antes de tirarlos al zafacón. Ensaye estas alternativas:
1. Pele el aguacate, májelo, añada aceite de oliva y luego regálese un tratamiento al cuero cabelludo empapándolo con la mezcla que ha preparado.
2. Pele el aguacate, májelo, añada 1 cucharada de agua de rosa y obséquiese un facial.

En ambos casos, enjuáguese con agua tibia y luego fresca.

Sentirá una agradable frescura y al mirarse al espejo su cabello y su piel estarán más relucientes que nunca antes. Tratamiento natural, eficaz y económico.

AGUACATE RELLENO DE FRUTAS

3 aguacates maduros, grandes y firmes
3 cucharadas de jugo de limón fresco
1 piña madura pequeña
3 guineos maduros y firmes
3 chinas mandarinas
1 taza de yogur natural
1 cucharadita de miel de abejas
1 pizca de sal marina
1 cucharada de vinagre de manzana natural
1 taza de coco fresco rallado
6 hojas de parra
6 racimos de uvas rojas

DIVIDA LOS AGUACATES A LO LARGO EN MITADES. DESCARTE LA semilla. Extraiga 1 pulgada de la pulpa. Reserve aparte para uso posterior. Rocíe el interior de los aguacates con jugo de limón para que conserven el color.

Monde la piña y divida en cuadros pequeños. Monde los guineos y corte en rodajas finas. Monde y desgaje las chinas. Descarte las semillas y parta en mitades.

Revuelva en la licuadora la pulpa que extrajo de los aguacates, el yogur, la miel, la sal y el vinagre de manzana. Vierta la mezcla sobre las frutas y remuévalas hasta que se empapen bien.

Rellene las mitades de aguacate con este combinado.

Corónelas con coco rallado y sírvalas en hojas de parra con racimos de uvas rojas.

Mantenga en nevera hasta el momento de servir.

AGUACATES RELLENOS DE VEGETALES Y BACALAO

Desale el bacalao la noche anterior a preparar esta receta. Al día siguiente pase por un colador, descarte el agua. Limpie y desmenuce el bacalao. Mantenga tapado en agua fresca hasta el momento de usarse.

1 libra de filete de bacalao
6 aguacates grandes, maduros y firmes
1/2 libra de habichuelas tiernas frescas
1/2 cabeza de brécol
1/2 cabeza de coliflor
1 cubo de condimento natural
2 cucharadas de machaca
1/2 taza de caldo de vegetales
3 cucharadas de ajonjolí
1/4 taza de almendras picadas
2 cucharadas de aceite de ajonjolí
1 cucharadita de miel de abejas
1 cucharadita de *Trocomare*
1 cucharada de vinagre de manzana natural
3 cucharadas de jugo de limón
1 mazo de germinados de girasol

LAVE LOS VEGETALES Y CÓRTELOS EN TROZOS PEQUEÑOS. Combínelos con el condimento y la machaca. Cuézalos a vapor hasta que estén casi tiernos. Retire del fuego y reserve.

Combine en la licuadora el caldo de vegetales, el ajonjolí, las almendras, el aceite, la miel, el *Trocomare* y el vinagre.

Pase el bacalao por el colador y enjúguelo con un paño.

Combine en un tazón los vegetales, el bacalao y la emulsión. Revuélvalos hasta que se integren. Mantenga tapado durante 20 minutos.

Mientras tanto, corte los aguacates en mitades a lo largo. Rocíe el interior con jugo de limón.

Rellene cada mitad con una porción del combinado. Al servir, corone con un puñado de germinados de girasol.

TORTAS DE LENTEJAS Y PAPAS

2 tazas de lentejas
3/4 libra de papas
1 cebolla pequeña
1/4 taza de nueces
1 pizca de orégano en polvo
1 cucharada de *Herbamare*
1 cucharadita de miel de abejas
2 claras de huevo

MUELA LAS LENTEJAS. LAVE LAS PAPAS, SÉQUELAS. RÁYELAS SIN mondar. Pele la cebolla. Pique bien fino la cebolla y las nueces.

Mezcle en un tazón todos los ingredientes hasta formar un amasijo.

Forme las tortas con sus manos tomando porciones de la masa y haciéndolas del tamaño que desee.

Engrase ligeramente una lámina de hornear y cueza las tortas a 375°F hasta que se doren a su gusto.

Sirva caliente con salsa de cilantrillo o la salsa de su preferencia.

BORONÍA DE CHAYOTE

2 litros de agua destilada
1 cucharada de sal marina
1 cubo de condimento natural
3 chayotes
1 cebolla lila
2 pimientos de cocinar
2 cucharadas de aceite de achiote
1 pizca de orégano
1 pizca de polvo *curry*
1 cucharadita de *Herbamare*
2 huevos
1 pizca de pimienta de Cayena
2 cucharadas de aceite de oliva extra virgen
1 mazo pequeño de cilantrillo
2 tomates maduros y firmes
1 aguacate maduro y firme

PONGA A HERVIR EL AGUA CON LA SAL Y EL CUBO DE CONDIMENTO. Cuando el agua comience a hervir añada los chayotes cortados en mitades a lo largo. Cueza tapado a fuego medio durante 45 minutos o hasta que estén tiernos. Separe del fuego, descarte el agua y déjelos que se enfríen. Móndelos, sáqueles el corazón y divídalos en trozos pequeños y reserve.

Monde la cebolla y pique en pedazos bien pequeños. Lave los pimientos. Pártalos en mitades, descarte las semillas y pique fino.

Combine en una sartén el aceite de achiote, la cebolla, los pimientos, el orégano, el polvo *curry* y el *herbamare*. Cueza tapado durante 10 minutos.

Mientras tanto, bata los huevos con un tenedor hasta unir bien las yemas y las claras. Añádales la pimienta.

Eche el aceite de oliva, los chayotes y los huevos batidos en la sartén. Revuélvalos y cuézalos durante 5 minutos.

Retire del fuego. Deje enfriar y sirva con un picadillo de tomates, cilantrillo y aguacate.

Aprendí esta receta de mi abuela. Este plato se acompaña muy bien con la ensalada verde.

CHAYOTES RELLENOS

3 chayotes
2 litros de agua destilada
2 cucharadas de sal marina
1 cubo de condimento vegetal
1 cebolla
2 pimientos de cocinar
4 cucharadas de machaca
1/4 taza de alcaparrado
1 taza de jugo de tomate fresco
1/2 libra de carne de pavo molida
2 cucharadas de aceite de achiote
1/4 taza de pasas y nueces picadas
2 huevos

LAVE LOS CHAYOTES Y DIVÍDALOS EN MITADES A LO LARGO. PONGA A hervir el agua con la sal y el condimento. Cuando comience a hervir añada los chayotes y cueza tapado a fuego moderado hasta que estén tiernos. Pase por un colador, descarte el agua. Deje enfriar los chayotes. Quíteles el corazón, saque la pulpa y májela con un tenedor. Reserve.

Monde la cebolla y divida en trozos pequeños. Lave los pimientos y descarte las semillas. Divídalos en lascas finas.

En una cacerola combine la cebolla, el pimiento, la machaca, el alcaparrado, el jugo de tomate fresco, la carne y el aceite de achiote. Cueza tapado a fuego moderado durante 10 minutos.

Destape y añada 1 taza de chayote majado. Revuelva y continúe cocinando tapado durante 15 minutos. Retire del fuego y añada las pasas y las nueces. Revuelva, retire del fuego y deje reposar destapado.

Rellene las cáscaras. Presione el relleno y cúbralas con huevo batido. Cueza los rellenos en horno precalentado a 375°F hasta que se doren a su gusto.

CODORNICES RELLENAS

Hoy día la carne de ave es una de las carnes de mayor aceptación entre aquellos que incluyen proteína animal en su dieta. Una de las ventajas que provee la carne de ave es la variedad de recetas que pueden prepararse usándola como ingrediente principal.

La receta que compartimos en esta sección le permite dar rienda suelta a su creatividad. Puede escoger variados rellenos y emplear diferentes salsas.

Visualizo una reunión culinaria donde un grupo de participantes están preparando esta receta con diferentes rellenos y salsas.

Al final se premiaría aquella que resultara más sabrosa y nutritiva. ¿Por qué no intentarlo?

6 codornices
4 cucharadas de jugo de limón
1/2 taza de machaca
2 cucharadas de sal marina
3 cucharadas de aceite de ajo
6 quimbombós tiernos
2 tallos de cebollinos
4 ramas de cilantrillo
1/2 cucharadita de orégano
1 cucharadita de *Herbamare*
1 cucharadita de sal de ajo
2 tazas de leche fresca de coco
2 tazas de harina de maíz integral
1/4 taza de pasas y nueces picadas

EL DÍA ANTES DE PREPARAR ESTA RECETA LIMPIE Y LAVE LAS codornices por dentro y por fuera con jugo de limón. Séquelas con papel absorbente. Mezcle la machaca, la sal y el aceite. Revuelva bien y adobe las codornices. Conserve tapadas en recipiente en la nevera hasta el momento de usarse.

Lave los quimbombós, los cebollinos y el cilantrillo y píquelos bien finos.

Ponga a calentar en un recipiente la leche de coco. Añada los vegetales, el condimento natural y el resto de los condimentos. Moviendo constantemente a fuego moderado añada poco a poco la harina. Cueza hasta que se forme una masa. Continúe moviendo hasta que la masa se separe del fondo de la olla, retire del fuego y añada las pasas y las nueces. Divida la masa en 6 porciones.

Rellene las codornices. Presione el relleno, junte las dos patas de cada codorniz y amárrelas con un cordón para facilitar que el relleno pueda cocinarse sin que se salga de su espacio.

Engrase con mantequilla una bandeja de horno. Coloque las codornices. Hornéelas durante 30 minutos a 400°F o hasta que estén doradas a su gusto.

Si le interesa aprovechar su tiempo, economizar en el uso del horno y hacer más nutritiva y apetitosa esta receta, le sugiero que ase junto a las codornices dos batatas mameyas grandes. Sólo tiene que lavarlas con un cepillo, meterlas al horno y servirlas con mantequilla o con su salsa favorita.

ZANAHORIAS GLASEADAS

1 mazo de zanahorias
1 1/2 taza de agua destilada
1 puñado de clavos de especia
2 rajas de canela
1 cucharada de jengibre rallado
1 cucharadita de sal marina
3 cucharadas de miel de abejas
1/4 taza de pasas rubias
2 cucharadas de vinagre de manzana natural

LAVE Y PELE LAS ZANAHORIAS. CORTE EN REBANADAS DIAGONALES. Ponga a hervir el agua con los clavos de especia, la canela, el jengibre y la sal. Cueza tapado a fuego moderado hasta que las zanahorias estén tiernas. Destape la cacerola y añada la miel, las pasas y el vinagre. Suba la temperatura y déjelas hervir hasta que todo el líquido se evapore.

Sirva en una fuente de cristal decoradas con uvas verdes y ramitos de perejil como postre o como acompañante de carnes.

Habrán notado que uno de los ingredientes más empleado en nuestras recetas es la miel. La miel es un concentrado de energía. Contiene todas las vitaminas y minerales que se consideran necesarios para una buena salud. Tiene usos medicinales y cosméticos.

La miel es un alimento muy nutritivo que goza de popularidad universal. Además, es un ingrediente básico en una sana alimentación.

PAPAS ENCEBOLLADAS

2 libras de papas rojas
1 cubo de condimento natural
2 cebollas lilas
1 pimiento morrón fresco
1 pimiento amarillo
1 pimiento verde
2 dientes de ajo
1 cucharadita de *Trocomare*
1 cucharadita de vinagre de manzana natural
1 mazo de berro

L AVE LAS PAPAS Y CÓRTELAS SIN MONDAR EN RUEDAS DE 1/2 pulgada. Coloque las papas y el condimento en un recipiente de cocinar al vapor. Cueza hasta que las papas estén tiernas. Separe del fuego y colóquelas creativamente en el recipiente donde las va a servir.

Monde la cebolla y corte en ruedas. Lave los pimientos, descarte las semillas y divida en lascas finas. Monde los ajos y pique bien fino.

Cueza a vapor durante 10 minutos la cebolla, los pimientos, los ajos, el *Trocomare*, la miel y el vinagre. Retire del fuego y añada el aceite. Vierta sobre las papas. Corónelas con un picadillo de berro.

MOFONGO

3 plátanos verdes
1 cubo de condimento natural
1/4 taza de machaca
3 dientes de ajo
4 ramas de cilantrillo
1/2 cucharadita de orégano molido
1 pizca de pimienta de Cayena
1/4 taza de aceite de oliva extra virgen
1/2 taza de ajonjolí en grano

Monde los plátanos y divídalos en pedazos. Manténgalos en agua salada durante 15 minutos. Páselos por un colador. Descarte el agua y enjuáguelos.

Combine los plátanos, el condimento natural y la machaca. Cuézalos al vapor hasta que estén blandos.

Mientras tanto, monde los ajos y pártalos en mitades. Combine en el mortero los ajos, el cilantrillo picado, el orégano, la sal y macháquelos hasta formar una masa suave. Remueva del pilón y en un recipiente combínela con la pimienta y el aceite de oliva. Revuelva hasta formar un aderezo uniforme.

Retire los plátanos de la olla y vaya moliéndolos poco a poco en el pilón alternando con cucharadas de aderezo. Cuando haya terminado la molienda, usando sus manos forme bolas del tamaño que desee.

Vierta las semillas de ajonjolí en una superficie plana. Pase las bolas de plátano sobre el ajonjolí, cubriéndolas por completo. Colóquelas en una lámina de hornear levemente engrasada y hornéelas a 375°F hasta que se doren a su gusto.

ZANAHORIAS RELLENAS

1 1/2 taza de agua destilada
1 cubo de condimento natural
1 taza de soya granulada
1 cucharadita de *agar-agar*
1 mazo de zanahorias grandes
3 cucharadas de machaca
2 cucharadas de pasta de tomate
1 cucharada de pasas pequeñas sin semillas
1 cucharadita de *Trocomare*
2 cucharadas de aceite de ajo
6 tajadas de queso *mozzarella*
1 mazo de berro

PONGA A HERVIR EL AGUA. AÑADA EL CUBO DE CONDIMENTO CUANDO comience a hervir. Retire del fuego, añada la soya y el *agar-agar*. Remueva y déjela tapada durante 15 minutos.

Mientras tanto, lave y pele las zanahorias. Cueza al vapor hasta que estén tiernas. Retire del fuego. Remuévales el centro con un cuchillo afilado. Resérvelas.

Añada la machaca, la pasta de tomate, las alcaparras, el *Trocomare* y el aceite a la soya. Revuelva bien y cocine a fuego moderado destapada durante 10 minutos. Rellene con cuidado las zanahorias. Corónelas con tajadas de queso *mozzarella*. Hornéelas sobre una lámina ligeramente engrasada hasta que el queso las selle.

Sírvalas sobre una camada de berro con unas cucharadas de salsa de perejil.

BOLLOS DE HARINA DE MAÍZ Y QUIMBOMBÓ

1 libra de harina de maíz integral
1 1/2 taza de leche fresca de coco
3 cucharadas de mantequilla Canola
2 cucharadas de melaza
1 cucharadita de sal marina
1 libra de quimbombó tierno
1 cebolla pequeña
1 pimiento de cocinar
1 cucharada de pasta de tomate
3 cucharadas de machaca
1 cucharada de sal de ajo
6 pedazos de hojas de plátano

COMBINE EN UNA CACEROLA LA HARINA, LA LECHE, LA MANTEQUILLA, la melaza y la sal. Cueza los ingredientes a fuego moderado moviéndolos todo el tiempo con cuchara de madera hasta que se forme una masa. Reduzca el fuego y siga moviendo la masa hasta que ésta se despegue del fondo de la cacerola. Retire del fuego y deje enfriar.

Corte los quimbombós en ruedas finas. Monde la cebolla y divida en cubos pequeños. Corte en mitades el pimiento, descarte las semillas y corte en tiras.

Combine estos ingredientes con la pasta de tomates, la machaca y la sal de ajo. Cocínelos al vapor hasta que estén tiernos. Añádale 2 cucharadas de aceite de oliva. Revuelva y retire del fuego.

Divida la masa en 6 porciones. Limpie y amortigüe las hojas de plátano, luego, engráselas levemente. Coloque una porción de masa sobre la hoja. Extiéndala a lo largo sin llegar a los extremos. Coloque el relleno a lo largo de la hoja. Enrolle la hoja con la masa rellena en forma de bollo. Ase los bollos en una lámina de horno a 350°F durante 25 minutos.

Sirva caliente con la sopa del día.

La melaza, el líquido restante del proceso de la cristalización del azúcar granulado, es un endulzador natural que nos provee minerales como el hierro, el calcio, el potasio y vitaminas del grupo B con excepción de la vitamina B1.

El recetario de la medicina natural popular indica el empleo de melaza para trastornos tales como el estreñimiento y la artritis. No es mi intención prescribirles recetas para tratar estas condiciones pero les invito responsablemente a indagar sobre este interesante ingrediente. No olviden que cocinar es regalar salud.

Hay diferentes clases de melaza dependiendo de la capa de donde ésta se extrae. De la primera capa se extrae la melaza de color más claro, de la segunda capa, la de color obscuro y de la tercera capa la melaza del color más obscuro («blackstrap molasses»). Ésta última tiene un superior contenido alimenticio.

Si intenta profundizar el tema le invito a dar una vuelta por las tiendas y librerías de productos naturales. Le garantizo una experiencia muy interesante.

PIMIENTOS RELLENOS

1 libra de pechuga de pollo, deshuesada
2 zanahorias medianas
1/4 libra de cebollinos
2 cucharadas de machaca
1 cucharadita de *Herbamare*
2 cucharadas de salsa de tomate
1 cucharada de alcaparras pequeñas
1 taza de agua destilada
1 cucharadita de *agar-agar*
4 pimientos morrones, verdes o amarillos
6 tazas de agua para cocinar los pimientos
1/3 taza de agua destilada
1/4 taza de queso *mozzarella* rallado

LAVE LAS PECHUGAS Y LAS ZANAHORIAS. PARTA LAS ZANAHORIAS en cubos de 1/4 de pulgada. Lave los cebollinos y córtelos en pedazos pequeños de 1/4 de pulgada.

En una cacerola mezcle la pechuga, la machaca, el *Herbamare*, la salsa de tomate, las alcaparras y 1 taza de agua.

Tape los ingredientes y cocínelos a fuego moderado durante 20 minutos. Agregue la zanahoria y los cebollinos. Continúe cocinando los ingredientes durante 10 minutos más.

Retire la cacerola del fuego y manténgala tapada. Cuando los ingredientes estén a temperatura ambiente, saque las pechugas, desmenúcelas, añada 1 cucharadita de *agar-agar* y reincorpórelas al resto de los ingredientes. Lave los pimientos.

Hierva 6 tazas de agua en una cacerola. Añada los pimientos y déjelos hervir, sin tapar, durante 10 minutos. Tape la cacerola durante 15 minutos.

Deje enfriar los pimientos. Con un cuchillo afilado remueva, lo más superficialmente posible, la parte de arriba de los pimientos. Saque también las semillas y las membranas del interior.

Rellene los pimientos con los ingredientes ya preparados en los pasos anteriores. Corone los pimientos con queso *mozzarella* rallado y colóquelos en un molde de tamaño 3 x 5 x 9 1/2 pulgadas.

Hornéelos a 375°F durante 15 minutos. Retírelos del horno cuando el queso se haya derretido. Puede cubrirlos con huevo batido si lo desea.

Al servirlos, puede adornarlos con tiras de pimiento de un color contrastante.

HORNEADO DE VEGETALES

1 cabeza de brécol
12 onzas de espinaca fresca
6 flores de coliflor
6 coles de Bruselas
1 cebolla lila
1 cubo de condimento natural
1 cucharada de *Liquid Aminos*
1 cucharadita de miel de abejas
3 cucharadas de aceite de ajo

LAVE LOS VEGETALES. SEPARE LAS FLORES DE BRÉCOL Y LAS HOJAS DE espinaca de sus tallos. Resérvelos aparte para que los emplee en variados platos más adelante. Parta con sus manos la espinaca en trozos pequeños. Monde la cebolla y divida en ruedas.

Coloque los vegetales en un recipiente y cuézalos junto con el condimento durante 10 minutos. Separe del fuego y añada el *Liquid Aminos*, la miel y el aceite de ajo. Revuelva los ingredientes con un tenedor.

Adorne cada servicio con germinados de alfalfa.

PICADILLO DE HABICHUELAS PINTAS

1 1/2 libra de habichuelas pintas
2 litros de agua destilada
1 libra de carne de pavo molida
1 taza de jugo de tomate
4 cucharadas de machaca
1 cubo de condimento natural
1/4 taza de vino de cocinar
1/4 taza de alcaparrado
1/4 taza de pasas y de nueces picadas
2 cucharadas de aceite de maíz
1/4 taza de salsa de jengibre
6 hojas de lechuga romana
1 mazo de cilantrillo

LAVE LAS HABICHUELAS. CUÉZALAS TAPADAS A FUEGO MEDIO durante 20 minutos. Retire del fuego. Déjelas reposar durante 2 horas. Retórnelas al fuego y cuézalas hasta que estén tiernas. Retire del fuego. Cuélelas, descarte el caldo y reserve aparte las habichuelas.

Combine la carne de pavo, el jugo de tomate, la machaca, el condimento, el vino de cocinar y el alcaparrado. Cueza tapado a fuego moderado durante 20 minutos. Añada las pasas y las nueces, el aceite y las habichuelas. Cocine destapado a fuego moderado durante 10 minutos.

Retire del fuego y revuelva. Lave el cilantrillo y pique bien fino.

Sirva cada ración sobre hojas de lechuga romana salpicadas de salsa de jengibre y cilantrillo.

EL PLATILLO QUE SIEMPRE SE SIRVE AL FINAL
de las comidas para dejar en la memoria gustativa
el dulce sabor de la ambrosía.

POSTRES

MELCOCHA DE COCO Y PIÑA

1 coco pequeño y seco
1 piña pequeña y madura
1 taza de agua destilada
2 1/2 tazas de azúcar *Turbinado* o azúcar morena
1 cucharadita de ralladura de limón
1 pizca de sal marina

PARTA EL COCO. RESERVE EL AGUA. EXTRAIGA LA PULPA DEL CASCO. Divida en porciones pequeñas.

Monde la piña. Córtela en secciones pequeñas.

Combine todos los ingredientes en la licuadora. Mueva a velocidad moderada hasta formar una masa. Viértala en una cacerola y cueza a fuego moderado moviendo constantemente con cuchara de madera hasta que la masa se desprenda del fondo de la cacerola.

Retire del fuego y extiéndala en una superficie húmeda. Cuando se enfríe divídala en barras del tamaño que desee.

DULCE DE TOMATE

1 1/2 libras de tomates maduros
1 libra de azúcar *Turbinado* o azúcar morena
2 rajas de canela
1 pizca de sal marina

L AVE LOS TOMATES. DESCARTE PARTE DE LAS SEMILLAS. DIVIDA EN medias lunas finas.

Combine en una cacerola los tomates, el azúcar, la canela y la sal.

Cueza tapado a fuego lento durante 10 minutos. Destape la cacerola, añada agua de ser necesario. Continúe cocinando a fuego medio hasta que el almíbar espese.

Retire del fuego, deje enfriar y sirva acompañado de buñuelos de yuca.

DULCE DE LECHE EVAPORADA

Estoy muy familiarizada con el dulce de leche. Mi abuelo paterno era dueño de varias cabezas de ganado, y había abundancia de leche rica y sana. Muchas veces la leche se cortaba. Era entonces cuando mi abuela confeccionaba un queso muy rico que era el acompañante del dulce de leche. Si quiero hacer este dulce con leche fresca, en la actualidad no obtengo la consistencia a la que estoy acostumbrada. Por esta razón empleo la leche evaporada.

1 lata de 13 onzas de leche evaporada
1 cucharadita de jugo de limón fresco
1 cucharadita de ralladura fina de cáscara de limón
1 cucharadita de vainilla
1 1/2 taza de azúcar *Turbinado* o azúcar morena
1 pizca de sal marina

EN UNA CACEROLA COMBINE LA LECHE PURA, EL JUGO Y LA ralladura de limón. Deje reposar tapado durante 15 minutos.

Añada la vainilla, el azúcar y la sal. Mueva suavemente hasta que el azúcar se disuelva. Cueza a fuego medio hasta que la mezcla comience a hervir. Baje el fuego y cueza durante 1 1/2 hora. Mueva suavemente, de vez en cuando, con cuchara de madera.

Separe del fuego y deje enfriar. Conserve en la nevera hasta el momento de servirse.

MAJARETE

6 cucharadas de harina de arroz integral
1 pizca de sal marina
6 cucharadas de azúcar *Turbinado* o azúcar morena
2 1/2 tazas de leche fresca de coco
1 cogollo de naranjo
canela en polvo

MEZCLE LA HARINA, LA SAL Y EL AZÚCAR EN UNA CACEROLA. Añada la leche y el cogollo de naranjo.

Cueza a fuego lento moviendo constantemente con cuchara de madera hasta que cuaje.

Vierta en platos individuales y espolvoree con canela.

DULCE DE PAPAYA Y COCO

1 papaya pintona mediana
2 litros de agua destilada
1 cucharada de bicarbonato de soda
3 tazas de leche fresca de coco
1 trozo pequeño de jengibre
1 cucharada de licor de anís
1 pizca de sal marina
3 1/2 tazas de azúcar *Turbinado* o azúcar morena
3 papayas hawaianas maduras y firmes
1/2 taza de coco fresco rallado

MONDE LA PAPAYA PINTONA, DESCARTE LAS SEMILLAS. CÓRTELA EN trozos pequeños.

Combine el agua con el bicarbonato. Revuelva. Remoje la papaya durante 5 minutos. Cuélela y enjuáguela.

Combine en una cacerola la leche de coco, el jengibre ligeramente machacado, el anís y la sal. Cueza tapado a fuego lento durante 10 minutos. Destape la cacerola y añada el azúcar. Continúe cocinando tapado a fuego lento hasta que la papaya esté tierna.

Destape la cacerola y cueza a fuego moderado hasta que se forme un almíbar del espesor que usted desee. Añada agua de ser necesario. Retire del fuego y deje enfriar.

Mientras tanto, lave las papayas hawaianas. Corte en mitades a lo largo, descarte las semillas y ahuéquelas.

Rellene cada mitad con el dulce y corone con ralladura de coco. Vierta una cucharada de almíbar sobre cada servicio.

BIZCOCHO DE ZANAHORIA

Las propiedades curativas de la zanahoria se conocen desde la antigüedad. Son potentes para prevenir el cáncer y ayudan a mantener un buen nivel de colesterol en la sangre.

Cuando vaya a seleccionarlas escoja las firmes, de piel suave y de color anaranjado intenso.

Se asegurará de su frescura si, al partirlas, tienen un círculo verde oscuro cerca del crecimiento de las hojas, las cuales pueden usarse en la preparación de caldos.

Precaliente el horno a 350°F con 10 minutos de anticipación.

2 tazas de harina integral
2 cucharaditas de polvo de hornear
1 cucharadita de sal marina
2 cucharaditas de canela en polvo
4 huevos enteros
1 1/2 taza de miel de abejas
1/2 taza de aceite de ajonjolí
3 tazas de zanahorias ralladas
1 taza de nueces y almendras picadas

COMBINE LA HARINA, EL POLVO DE HORNEAR, LA SAL Y LA CANELA. Ciérnalas y añada poco a poco el resto de los ingredientes. Revuelva constantemente con cuchara de madera hasta unir todos los ingredientes y formar una masa compacta.

Vierta en un molde aceitado y cueza a 350°F hasta que al introducir en el bizcocho un palillo, éste salga completamente limpio.

Retire del horno y deje enfriar.

Sirva raciones con salsa de coquimiel. Sabroso y más.

CASQUITOS DE GUAYABA EN ALMÍBAR

2 libras de guayabas grandes, maduras y firmes
5 tazas de agua destilada
2 rajas de canela
1 pizca de sal marina
2 cucharadas de sirope de granadina

LAVE LAS GUAYABAS. DIVIDA EN MITADES Y SÁQUELES LAS SEMILLAS. Ponga a hervir el agua. Cuando comience a hervir añada los casquitos, la canela, la sal y el sirope. Cueza a fuego alto durante 10 minutos. Baje el fuego y cueza destapado hasta que el almíbar espese.

Retire del fuego y deje enfriar en la nevera.

Sirva en copas adornadas con pequeñas ramas de menta.

Siguiendo las instrucciones para confeccionar este dulce usted puede variarlo únicamente cambiando la fruta. Es muy provechoso usar las frutas de estación. Puede usar la parcha, la jagua, la pomarrosa y otras más.

DULCE DE NARANJA AGRIA

6 naranjas agrias
6 tazas de agua destilada
2 1/2 tazas de azúcar *Turbinado* o azúcar morena
1 pedazo de jengibre de 2 pulgadas
2 rajas de canela
1 pizca de sal marina

MONDE LAS NARANJAS. MARQUE 4 TAJADAS EN LA SUPERFICIE DE cada naranja. Desprenda las tajadas de la pulpa. Reserve la pulpa aparte y conserve para preparar otra receta en el futuro.

Ponga en suficiente agua las tajadas. Comience el proceso de cambiarles el agua tantas veces como sea necesario hasta que usted obtenga el sabor amargo que satisfaga su gusto.

Combine en una cacerola las cáscaras. Añada suficiente agua para hervir las cáscaras tapadas a fuego moderado hasta que estén blandas. Descarte el agua. Combine 4 tazas de agua fresca, el azúcar, la canela y el jengibre ligeramente machacado. Mueva hasta que se disuelva el azúcar. Hierva destapado a fuego moderado durante 5 minutos. Añada las tajadas. Mantenga destapado sin mover hasta que el almíbar tenga punto y se pegue de los dedos.

Sirva en recipientes de cristal con trozos de queso del país o porciones de yogur. Para variar la receta, puede sustituir la naranja por toronja.

DULCE DE MAMEY

1 mamey mediano, maduro y firme
3 tazas de agua destilada
4 tazas de azúcar *Turbinado* o azúcar morena
1 puñado pequeño de clavos de especias
1 pizca de sal marina

MONDE EL MAMEY, DESCARTE LAS FIBRAS Y CÓRTELO EN TROZOS. Póngalo a hervir en suficiente agua. Cueza a fuego moderado hasta que esté casi blando. Cuélelo y descarte el agua.

    Añada a la cacerola 3 tazas de agua fresca, los clavos y la sal. Cuando el agua comience a hervir añada el mamey y cueza a fuego alto durante 10 minutos. Baje el fuego a lento y añada el azúcar. Descarte la espuma que se va formando en la orilla de la cacerola. Continúe cocinando a fuego lento hasta que el almíbar tenga punto y se pegue de sus dedos.

    Retire del fuego y deje enfriar. Este postre es una sabrosura cuando se sirve en copas de mantecado coronadas con el dulce. Pruebe y vea como le va.

DULCE DE PAPAYA PINTONA Y PIÑA

1 papaya pintona pequeña
1 cucharada de bicarbonato de soda
6 tazas de agua destilada
1 piña pequeña madura y firme
2 rajas de canela
1 cucharadita de vainilla
1 pizca de sal marina
3 tazas de azúcar *Turbinado* o azúcar morena
1 cucharada de sirope de granadina
1/2 taza de dátiles y almendras picadas

MONDE LA PAPAYA, DESCARTE LAS SEMILLAS, CORTE EN TAJADAS finas del tamaño que usted desee. Combine el agua con el bicarbonato de soda. Remoje la papaya durante 5 minutos.

Mientras tanto, monde la piña, descarte el centro y divídala en cuadros pequeños.

Cuele la papaya, enjuáguela y descarte el agua.

Combine la papaya, la piña, la canela, la vainilla y el azúcar en una cacerola. Tape la cacerola y cueza a fuego lento durante 15 minutos. Destape la cacerola, añada agua de ser necesario y el sirope. Continúe cocinando a fuego moderado hasta que el almíbar tome el espesor que usted desee.

Retire del fuego. Deje enfriar.

Sirva cada ración con un picadillo de dátiles y almendras.

DELICIAS DE MANZANA

3 manzanas medianas verdes
3 manzanas medianas rojas
4 cucharadas de jugo de limón fresco
1 lechuga romana
1 mazo de menta fresca
1/2 taza de dátiles y almendras picadas
1 taza de coquimiel

LAVE LAS MANZANAS. CÓRTELES LOS CENTROS. DESCARTE LOS centros y las semillas. Divídalas sin mondar en medias lunas de 1 pulgada de espesor. Salpíquelas con jugo de limón.

Lave las lechugas y la menta. Desprenda las hojas de lechuga del tallo. Pique la menta bien fino. Seque las hortalizas con papel absorbente.

Consiga una ensaladera transparente grande. Coloque las hojas de lechuga en el recipiente comenzando desde el borde. Ponga en el centro una cantidad abundante del picadillo de menta formando un montecillo. Disponga las manzanas alternando los colores sobre las hojas.

Añada los dátiles y almendras a la salsa de coquimiel, y revuelva con cuchara de madera hasta que todo esté uniforme. Viértala sobre las manzanas y las hojas de lechuga.

FRUTAS SECAS EN ALMÍBAR

1/2 taza de ciruelas sin semillas
1/2 taza de dátiles sin semillas
1 taza de orejones de melocotón y albaricoques
2 tazas de azúcar *Turbinado* o azúcar morena
2 rajas de canela
1 puñado pequeño de clavos de especia
3 ramas frescas de hierbabuena
1 pizca de sal marina

REMOJE LAS FRUTAS EN SUFICIENTE AGUA DESDE LA NOCHE ANTERIOR. El día siguiente cuélelas y reserve una taza del líquido.

En una cacerola combine las frutas y añádales la mitad del azúcar. Cuézalas tapadas a fuego lento durante 15 minutos. Destape la cacerola, añada el resto del azúcar, la canela, los clavos de especia, la hierbabuena, la sal y el agua que reservó del remojo. Cueza destapado a fuego alto hasta que el almíbar espese a su gusto.

Retire del fuego. Cuando se enfríe, guarde en nevera hasta el momento de usarse.

Sírvalo adornado con un clavo de especia y una hoja de hierbabuena.

Este postre nos ofrece variadas oportunidades para enriquecer y hacer más atractivo un menú. Puede emplearse para hacer más apetecibles los cereales que servimos en el desayuno colocándolo sobre los platos ya servidos. Podemos usarlo como complemento de bizcochos y flanes y para enaltecer los sabores de las ensaladas de frutas frescas. Invente, cree, visualice más allá de lo cotidiano.

DULCE DE CHAYOTE

2 chayotes grandes de piel suave
2 tazas de agua destilada
1 cucharadita de vainilla
2 rajas de canela
1 puñado de clavos de especia
1 pizca de sal marina
1 1/2 tazas de azúcar *Turbinado* o azúcar morena

LAVE, PELE Y REMUEVA EL CORAZÓN DE CADA CHAYOTE. CÓRTELOS EN secciones de 1/2 pulgada de ancho por 3 pulgadas de largo.

Combine en una cacerola los pedazos de chayotes, el agua, la vainilla, la canela y los clavos de especia. Cueza tapado a fuego lento durante 10 minutos. Destape la olla y añada el azúcar y la sal.

Cueza a fuego moderado destapado hasta que los chayotes estén blandos y se haya formado el almíbar. Retire del fuego y deje enfriar antes de servir.

AMBROSÍA

2 tazas de yogur natural
1/2 taza de miel de abejas
1 pizca de sal marina
2 guineos maduros y firmes
2 mangós maduros y firmes
1 piña mediana, madura
2 cucharadas de jugo de limón fresco
1 mazo de menta fresca

COMBINE EN LA LICUADORA EL YOGUR, LA MIEL, LA CANELA Y LA SAL. Bata lentamente durante 1 minuto. Deje reposar por 15 minutos.

En el entretanto, pele los guineos, divida en rodajas de 1 pulgada. Remójelos en el jugo de limón. Monde la piña, descarte el centro y divida en cubos de 1 pulgada. Lave los mangós y córtelos sin mondar en tajadas finas.

Combine todos los ingredientes en una ensaladera profunda de material transparente. Vierta la salsa sobre las frutas. Revuelva hasta que la ambrosía quede uniforme.

Lave las ramitas de menta, enjúguelas con papel absorbente y píquelas bien fino.

Sirva en copas grandes de cristal, salpicadas con menta.

CAZUELA

Precaliente el horno a 350°F por 10 minutos antes de hornear esta receta.

1/2 libra de batata blanca
1/2 libra de calabaza bien madura y sin semillas
1 taza de leche fresca de coco
1/4 taza de harina integral de arroz
1/2 taza de azúcar *Turbinado* o azúcar morena
2 huevos enteros
4 cucharadas de mantequilla Canola
1 cucharadita de sal marina
1 pedazo pequeño de jengibre fresco
1 cucharadita de canela en polvo
1/2 cucharadita de clavo de especia en polvo
1 cucharada de lecitina líquida

LAVE LAS VIANDAS, MÓNDELAS, HIÉRVALAS A VAPOR HASTA QUE estén tiernas.

Combine en la licuadora las viandas y el resto de los ingredientes de la receta según el orden indicado. Bata a velocidad moderada. Detenga el motor ocasionalmente y revuelva con una espátula, continúe hasta obtener una masa suave y uniforme.

Engrase un molde con lecitina líquida. Vierta la masa y hornéela a 350°F hasta que, al insertarle un cuchillo en el centro, no haya rastros de la masa en él.

Separe del horno, deje enfriar. Desmóldela, divida en porciones del tamaño que desee y sirva con crema de almendras y miel o con su salsa dulce preferida.

TRÓPICO

1/4 taza de jugo de limón fresco
3 guineos gigantes y maduros
1 papaya pequeña y madura
1 piña pequeña y madura
3 mandarinas
2 mangós maduros y firmes
6 dátiles sin semillas
1/4 taza de pasas rubias sin semillas
1/2 taza de miel de abejas
2 cucharadas de vinagre de manzana natural
1 pizca de sal
1/2 taza de hilachas de coco sarazo (ni muy nuevo ni tampoco seco)
6 hojas robustas de parra

EL DÍA ANTERIOR DE PREPARAR ESTA RECETA, LAVE LOS DÁTILES Y las pasas, descarte el agua y déjelos en remojo en 1 taza de agua durante la noche.

    Divida los limones en mitades y extráigales el jugo. Pele los guineos y divídalos en rodajas de 2 pulgadas. Enjuáguelos en limón. Tápelos y resérvelos.

    Lave y monde la papaya, la piña y las chinas. Descarte las semillas de la papaya y divídala en cuadrados de 2 pulgadas. Monde la piña, descarte el centro y divídala en bastones pequeños. Desgaje las mandarinas, divida los gajos en mitades y descarte las semillas. Divida en triángulos la pulpa del mangó sin mondar. Combine las frutas en un tazón de cristal. Manténgalas tapadas en la nevera.

    Pase las frutas en remojo por un colador. Retenga el agua. Divida los dátiles en mitades. Combine el agua de remojo con los dátiles, las pasas, la miel, el vinagre y la sal. Agite hasta espesar.

    Vierta la mezcla sobre las frutas. Revuelva suavemente hasta que las frutas se impregnen bien. Tape y deje reposar en la nevera durante 30 minutos.

    Mientras tanto, ralle el coco y limpie las hojas de parra.

    Sirva Trópico sobre hojas de parra salpicado con hilachas de coco sarazo.

DURANTE TODO EL AÑO NUESTRO SUELO NOS provee abundantes frutas y verduras que nos facilitan preparar bebidas nutritivas y deliciosas.

Estas bebidas son fuentes de energía natural. Nos proveen las vitaminas y minerales que en una dieta balanceada nos garantizan un mejor funcionamiento de nuestro sistema.

Las bebidas naturales no deben azucararse en exceso. De ser necesario añadirle dulzor emplee miel, melaza u otros endulzadores naturales en pequeña proporción.

No hay bebida mejor que el agua. Una buena norma de salud indica no tomarla con comidas porque cuando la acompañamos con los alimentos afectamos el buen funcionamiento de los jugos gástricos.

BEBIDAS

HORCHATA

"Ábrete, sésamo"
A la verdad que bien lejos estaba yo de establecer una relación entre este mandato y la semilla de ajonjolí cuando disfrutaba la historia de «Alibabá y los 40 ladrones».

Andando el tiempo descubrí que esta semilla es un poderoso almacén de elementos que contribuyen a la más sana alimentación. Contiene 35 por ciento de proteína, dos veces más calcio que la leche y más hierro que el hígado. Contiene de 40 a 60 por ciento de aceite no saturado que se emplea como alimento y en la confección de cosméticos.

Añada este ingrediente a sus menús y podrá consumir y compartir platos variados, económicos y sanos.

La horchata de ajonjolí es una de las bebidas más genuinas de nuestra mesa puertorriqueña.

1 taza de semillas de ajonjolí
4 tazas de agua destilada
2 cucharadas de miel de abejas
1/4 cucharadita de sal marina
1/2 cucharadita de nuez moscada

VIERTA EL AJONJOLÍ SECO EN UN CALDERO. MUÉVALO constantemente a fuego moderado con una cuchara de madera hasta que las semillas comiencen a saltar.

Retire el ajonjolí del fuego y bátalo en la licuadora junto al agua hasta obtener un líquido blanquecino.

Cuele la mezcla en un colador o paño fino. (Puede usar la fibra para confeccionar dulces y sopas.)

Añada la miel y la sal. Mantenga la horchata en la nevera hasta el momento de servir y agréguele nuez moscada.

AGUALOJA

Me resulta bien placentero compartir esta receta. He ganado muchos amigos con ella. A mí me sabe a campo. La empecé a disfrutar desde niña. En los rosarios cantados y las reyadas era el trago oficial. La olvidé por un tiempo cuando nos ubicamos en la ciudad; la olvidé por otras bebidas embotelladas. ¡Tremenda traición! Gracias a Dios enmendé el asunto cuando me inicié en la sublime aventura que me ha llevado adonde me encuentro.

Esta deliciosa bebida nos llega vía España y Cuba a Puerto Rico en el siglo XVII. Loja fue una ciudad de España.

En estos momentos le ofrezco Agualoja refrescante y sabrosa como un brindis al Puerto Rico de antaño y del presente.

1 litro de agua destilada
1 pedazo de jengibre de 2 1/2 pulgadas
3 rajas de canela de 2 pulgadas
10 clavos de especia
1 taza de melaza
6 ramas pequeñas de hierbabuena

LAVE Y MACERE EL JENGIBRE.
Combine en una cacerola el jengibre, la canela, los clavos y el agua. Hiérvalos a fuego moderado y tapados durante 30 minutos.

Retire la cacerola del fuego, destápela y deje enfriar los ingredientes.

Añada la melaza. Agite la mezcla.

Sirva el agualoja fría con las ramas de hierbabuena.

AGUA MINERALIZANTE

1 litro de agua destilada
1/2 taza de avena integral
2 cucharadas de melaza
2 cucharadas de vinagre de manzana natural

COMBINE TODOS LOS INGREDIENTES EN LA LICUADORA. BATA A velocidad moderada hasta que todo esté bien diluido.

Envase la bebida en botella de cristal esterilizada. Tápela y mantenga en la nevera.

Esta receta le brinda oportunidad para crear sus propias bebidas. Puede variar el cereal y hacer la combinación que prefiera. Puede consumir la bebida sola o la puede emplear como base fortificante de otros refrescos.

ÉXTASIS

3 tazas de jugo de zanahoria fresca
2 tazas de leche fresca de coco
1 taza de agua mineralizante
1 pedazo de jengibre de 1 pulgada
1/4 taza de miel de abejas
2 cucharadas de vinagre de manzana natural
1 pizca de sal marina

COMBINE LOS INGREDIENTES EN LA LICUADORA. BATA A VELOCIDAD moderada durante varios minutos. Vierta en una jarra de cristal y mantenga en la nevera durante 25 minutos.

Sirva con bastones pequeños de zanahoria.

El jengibre es una raíz maravillosa. Por miles de años los indígenas, los indios, los chinos y los griegos lo han usado como condimento y como elemento para tratar quebrantos de salud tales como artritis, mareos y problemas de digestión.

Los chinos lo usan como ingrediente básico en la elaboración de platos de pescado. Lo consideran un antídoto contra el envenenamiento que pueda causar el pescado.

Cuando en noches lluviosas, allá en mi campo de Santana, sentíamos mucho frío por la incesante lluvia nunca nos faltaba la taza bien caliente de jengibre con leche.

Añoro muchas veces esa taza de jengibre saboreándola al son de un copioso aguacero sobre las planchas de zinc de una casona de madera.

MANGOTÍN

3 tazas de pulpa de mangotines bien maduros
2 tazas de jugo fresco de parcha
3 tazas de agua mineralizante
2 cucharadas de miel de abejas
1 pizca de sal marina
6 ramos de menta fresca

LAVE LOS MANGOTINES (VARIEDAD DE MANGÓ QUE ES ALARGADO, DE corteza fina y verdosa aun cuando maduro; su pulpa es fibrosa y muy dulce). Divida sin mondar en trozos. Descarte las semillas. Reserve la pulpa.

Lave las parchas. Divídalas en mitades. Exprímalas y extraiga las semillas. Descarte las cáscaras. Mezcle en la licuadora las parchas y el agua mineralizante. Bata a velocidad moderada durante 5 minutos. Pase la mezcla por un colador fino. Descarte las semillas.

Vierta el jugo de parcha en la licuadora. Añada los mangotines, la miel y la sal. Bata hasta formar una emulsión.

Vierta en vasos altos de cristal. Añada cubitos de hielo y adorne con las ramas de menta.

El mangó es una de las frutas más sabrosas del trópico. Es rica en sabor, color, olor y textura. Contiene vitaminas A y C.

"No me cojas de mangó bajito".

Claro que cogí muchos mangós con mis manos de las ramas copiosas y bajas de un frondoso árbol de mangó. Frutas deliciosas, maduradas al sol... ¡Rica, agradable e inolvidable experiencia!

Por eso entendí este popular dicho nuestro.

No es cuestión de andar a la deriva, ni soñar por soñar, es más bien saber a dónde, a qué y con quién voy. Pero compartiendo responsablemente las experiencias del camino con honradez y honestidad con aquellos que como a mí les ha sido fácil coger los mangós bajitos y así recibir su energía para seguir subiendo la cuesta hasta alcanzar la cima.

LECHE FRESCA DE COCO

pulpa y agua de 1 coco fresco
miel de abejas a gusto
pizca de sal marina
1 cucharadita de vinagre de manzana natural

Mezcle los ingredientes en la licuadora hasta que formen una emulsión. Cuele si lo desea.
Consuma con hielo bien picado.
Puede usarlo como ingrediente base de otras bebidas.

COMBINADO DE FRUTAS

2 tazas de papaya madura
2 tazas de piña fresca
2 tazas de jugo de china fresca
miel de abejas a gusto
1 pizca de sal marina

LAVE Y MONDE LA PAPAYA. DESCARTE LAS SEMILLAS Y DIVÍDALA EN trozos. Vierta los jugos y la papaya en la licuadora. Bata hasta que esté bien suave. Añada la miel y la sal.

Deje enfriar en la nevera durante 30 minutos antes de servirlo. Coloque pedazos pequeños de piña dentro de cada servicio.

Aproveche las frutas de estación para preparar variados combinados de frutas, así obtendrá un plato más saludable y más económico.

Todo es cuestión de estar alerta a la información que ofrece la prensa escrita sobre las frutas que están en abundancia y cultivar el placer de visitar nuestras plazas del mercado. Tremenda experiencia, se lo garantizo.

DELICIAS DE COCO

El padre Diego Lorenzo, misionero español, trajo a esta isla el cocotero en 1549, procedente de las islas de Cabo Verde. Desde entonces su fruto forma parte de nuestro inventario de alimentos.

Los usos del agua que contiene son variados: posee propiedades diuréticas; y en Venezuela, según el libro **Laboratorio de la naturaleza** *de Lutecia Adams, se conoce como el mejor remedio para mantener el cutis saludable. Además, se recomienda como un sustituto de la leche materna. Con la tela del coco, mi amiga doña Laura, de Santo Domingo, prepara un rico postre con batata.*

En la cocina hindú, como en la criolla, se elaboran sabrosos platos con la leche del coco.

Nada más con iniciar la lista: el bienmesabe, la cazuela, el majarete, el arroz con dulce, el caldo santo, fluyo y me relajo, como el cocotero que se deja acariciar por la brisa.

5 tazas de leche fresca de coco
1 taza de jugo de piña fresca
2 cucharadas de miel de abeja
1/4 cucharadita de jengibre en polvo
1 pizca de sal marina
6 ramas de menta fresca

MEZCLE TODOS LOS INGREDIENTES EN LA LICUADORA. BATA A velocidad moderada hasta formar una emulsión. Mantenga la bebida en el refrigerador durante 30 minutos antes de servirla.

Sirva en copas de cristal, previamente enfriadas en la nevera, adornadas con ramas de menta fresca.

Puede variar a la vez que enriquece el valor nutritivo de la receta añadiendo frutas de estación de su preferencia.

PONCHE DE CREMA DE CALABAZA

1 1/2 libras de calabaza bien madura
10 onzas de leche condensada
4 tazas de agua mineralizante
1 cucharada de vinagre de manzana natural
1 cucharada de jengibre rallado
1 cucharadita de vainilla
1 cucharadita de nuez moscada
1 pizca de sal marina
miel de abejas a gusto
4 onzas de brandy

LAVE LA CALABAZA, DESCARTE LAS SEMILLAS. PARTA SIN MONDAR EN trozos. Cocine a vapor hasta que esté bien tierna. Combine en la licuadora la calabaza, la leche, el agua, el vinagre, el jengibre, la vainilla, la nuez moscada y la sal. Licúe a velocidad moderada hasta formar una emulsión. Añada más agua si cree necesario.

Vierta en un envase y agréguele la miel a su gusto. Añada el brandy. Agite y envase en un frasco estéril. Deje reposar en la nevera durante tres días antes de consumirlo.

PONCHE DE CHINA

6 chinas maduras
2 manzanas verdes
4 tazas de agua mineralizante
1/4 taza de melaza
3 ciruelas secas sin semillas
1 cucharadita de ralladura de limón verde
1 pizca de sal marina
1 mazo de hierbabuena

MONDE LAS CHINAS, SEPÁRELAS EN GAJOS Y DESCARTE LAS semillas. Lave las manzanas, descarte las semillas y el corazón, divida en pedazos.
    Combine todos los ingredientes en la licuadora hasta que se mezclen bien.
    Viértalos en un recipiente de cristal y refrigere hasta el momento de servir.
    Sirva en copas grandes adornadas con ramitas de hierbabuena bien fresca.

PONCHE DE GUINEO GIGANTE

2 tazas de jugo de piña fresco
3 guineos gigantes bien maduros
1 taza de yogur natural
1 cucharadita de nuez moscada
1 cucharadita de ralladura de jengibre
miel de abejas a gusto
1 pizca de sal marina
6 rebanadas finas de piña fresca

MONDE LOS GUINEOS Y DIVÍDALOS EN RODAJAS.
Mezcle en la licuadora el jugo de piña, los guineos, el yogur, el jengibre, la miel y la sal. Bata a velocidad moderada hasta que la mezcla esté suave y cremosa.

Viértala en un recipiente y enfríelo hasta el momento de servir.

Mientras tanto, haga una incisión leve en la orilla de cada rueda de piña.

Sirva el ponche en copas grandes, salpicado de nuez moscada. Coloque el pedazo de piña en el borde de cada copa.

LECHE DE ALMENDRAS Y AJONJOLÍ

1 taza de semillas de ajonjolí
1 taza de almendras
8 tazas de agua destilada
1 pizca de sal marina

La noche anterior de prepararse esta receta deje en remojo el ajonjolí. Al día siguiente páselo por un colador, descarte el agua y mantenga el ajonjolí en un envase tapado.

Coloque las almendras en un tazón. Ponga a hervir agua, cuando comience a hervir viértala sobre las almendras. Tape y deje reposar durante 20 minutos. Descarte el agua, presione con sus dedos cada almendra hasta que la descascare.

Combine en la licuadora el agua destilada, el ajonjolí, las almendras y la sal. Bata a velocidad moderada durante 10 minutos. Pase el combinado a través de un cedazo bien fino. Envase la leche en botellas de cristal. Mantenga bien tapado en la nevera hasta que lo ponga en uso. Conserve en nevera la pulpa de la semilla. Puede usarla en la confección de panes, bizcochos, jaleas y galletas.

Recuerde que las semillas constituyen "una buena alimentación en paquetes pequeños".

BEBIDA DE SEMILLAS

3 tazas de leche fresca de coco
1 taza de leche de almendras y ajonjolí
2 tazas de agua mineralizante
miel de alfalfa a gusto
1 pizca de sal marina
1 cucharada de canela en polvo

COMBINE LAS LECHES, EL AGUA, LA MIEL Y LA SAL EN LA LICUADORA. Bata a velocidad moderada hasta que todos los ingredientes se integren.
Vierta la bebida en una jarra y conserve en la nevera hasta que enfríe.
Sírvala salpicada con canela.

Germinal

Encerrado en el corazón
de una pequeña semilla
el germen de un árbol bello
en profunda paz dormía.
–Despierta, el calor le dijo.
–Despierta, dijo la lluvia,
el germen oyó el reclamo.
Quiso ver lo que ocurría,
se puso un vestido verde
y estiró el cuerpo hacia arriba.
De todo aquél que nace
esta es la historia sencilla.

Arnold, Gilbert y Fernández Juncos

SABROSURA DE MANZANA

1 libra de papaya bien madura
4 tazas de jugo de manzana natural
2 cucharadas de germen de trigo
2 cucharadas de melaza
1 pizca de sal marina

LAVE LA PAPAYA, DESCARTE LAS SEMILLAS Y DIVÍDALA SIN MONDAR en trozos pequeños.

Pase todos los ingredientes por la licuadora durante 10 minutos hasta que se forme una emulsión. Viértala en una jarra de cristal. Enfríela antes de servir. Adorne con bastones de papaya madura.

ENERGÍA

2 tazas de jugo de china fresco
1 taza de germinados de alfalfa
1 taza de yogur natural
2 cucharadas de melaza
1 pizca de sal marina

BATA TODOS LOS INGREDIENTES EN LA LICUADORA A VELOCIDAD moderada durante 5 minutos.
Sirva adornado con un puñado pequeño de germinados de alfalfa.

BIBLIOGRAFÍA

–Aboy de Valldejuli, Carmen, **Cocina criolla**. Gretna, Louisiana: Pelican, 1978.

–Adam, Lutecia, **Laboratorio de la naturaleza**. Caracas: Edición de autor, 1990.

–Adams, Rex, **Milagrosos alimentos curativos**. Paramus: NJ: Prentice Hall, 1940.

–Busó de Casas, Carmen. **777 aventuras de cocina**. Río Piedras: Editorial Cultural, 1978.

–Cabanillas de Rodríguez, Berta, **El puertorriqueño y su alimentación a través de su historia (siglos XVI al XIX)**. San Juan: Instituto de Cultura Puertorriqueña, 1973.

–Cabanillas, Berta, Carmen Ginorio y Carmen Quirós de Mercado, **Cocine a gusto**. Río Piedras: Editorial de la Universidad de Puerto Rico, 1991.

–Culinarias Ronemann, **El Caribe, un paraíso culinario**. Köln: Könemann Verlaggellschaft, 1999.

–De Baer, Wilma F., **Secretos de la buena mesa**. Bogotá: Ediciones Interamericanas, 1975.

–Divorkin, Stan and Floss Divorkin, **The God Goodies**. Emmaus, PA: Rodale Inc., 1974.

–Francis, Claude y Fernando Gautier. **El libro de la miel**. Vildrau, Gerona: Ediciones Cedel, 1980.

–Harris, Jessica B., **Sky Juice and Flying Fish Fireside**. New York: Simon & Schuster, 1991.

–Hurd, Frank J. y Rosalie Hurd, **Diez talentos**. Edición de autor, 1985.

–Jill, Norman, **Spices, Roots and Fruits**. Dorling Kindersley, GB: Bantam, 1989.

–Mackie, Cristine, **Life and Food in the Caribbean**. Kingston: Ian Randle Publishers, 1995.

–Quintana, Patricia and Jack Bishop. **Cuisine of the Water Gods**. New York: Simon & Schuster, 1994.

–Siglo 21 Alimentación del futuro, **375 Recetas vegetarianas**. Copyright: Ethel R., MD, 1975.

–Villapol, Nitza. **Cocina al minuto**. La Habana: Editorial Orbe, 1991.

–Villapol, Nitza, **Cocina criolla**. México DF: Ediciones Zócalo.